Larbi Mesbahi

Transformation automatique de la parole

Larbi Mesbahi

Transformation automatique de la parole

Etude des transformations acoustiques

Presses Académiques Francophones

Impressum / Mentions légales

Bibliografische Information der Deutschen Nationalbibliothek: Die Deutsche Nationalbibliothek verzeichnet diese Publikation in der Deutschen Nationalbibliografie; detaillierte bibliografische Daten sind im Internet über http://dnb.d-nb.de abrufbar.

Alle in diesem Buch genannten Marken und Produktnamen unterliegen warenzeichen-, marken- oder patentrechtlichem Schutz bzw. sind Warenzeichen oder eingetragene Warenzeichen der jeweiligen Inhaber. Die Wiedergabe von Marken, Produktnamen, Gebrauchsnamen, Handelsnamen, Warenbezeichnungen u.s.w. in diesem Werk berechtigt auch ohne besondere Kennzeichnung nicht zu der Annahme, dass solche Namen im Sinne der Warenzeichen- und Markenschutzgesetzgebung als frei zu betrachten wären und daher von jedermann benutzt werden dürften.

Information bibliographique publiée par la Deutsche Nationalbibliothek: La Deutsche Nationalbibliothek inscrit cette publication à la Deutsche Nationalbibliografie; des données bibliographiques détaillées sont disponibles sur internet à l'adresse http://dnb.d-nb.de.

Toutes marques et noms de produits mentionnés dans ce livre demeurent sous la protection des marques, des marques déposées et des brevets, et sont des marques ou des marques déposées de leurs détenteurs respectifs. L'utilisation des marques, noms de produits, noms communs, noms commerciaux, descriptions de produits, etc, même sans qu'ils soient mentionnés de façon particulière dans ce livre ne signifie en aucune façon que ces noms peuvent être utilisés sans restriction à l'égard de la législation pour la protection des marques et des marques déposées et pourraient donc être utilisés par quiconque.

Coverbild / Photo de couverture: www.ingimage.com

Verlag / Editeur:
Presses Académiques Francophones
ist ein Imprint der / est une marque déposée de
OmniScriptum GmbH & Co. KG
Heinrich-Böcking-Str. 6-8, 66121 Saarbrücken, Deutschland / Allemagne
Email: info@presses-academiques.com

Herstellung: siehe letzte Seite /
Impression: voir la dernière page
ISBN: 978-3-8416-2669-1

Copyright / Droit d'auteur © 2013 OmniScriptum GmbH & Co. KG
Alle Rechte vorbehalten. / Tous droits réservés. Saarbrücken 2013

THÈSE / UNIVERSITÉ DE RENNES 1
sous le sceau de l'Université Européenne de Bretagne
N° d'ordre : 4211

pour le grade de

DOCTEUR DE L'UNIVERSITÉ DE RENNES 1

Mention : Informatique
Ecole doctorale MATISSE

présentée par

Larbi MESBAHI

préparée à l'unité de recherche Cordial - IRISA
Composante universitaire : IFSIC

Intitulé de la thèse

Transformation automatique de la parole -
Etude des transformations acoustiques

Thèse soutenue
le 28 Octobre 2010
devant le jury composé de :

Yannis STYLIANOU
Professeur, Université de Crète /rapporteur
Olivier ROSEC
Docteur, France Telecom R&D /rapporteur
Xavier RODET
Professeur, IRCAM /président
Olivier BOEFFARD
Professeur, ENSSAT /directeur de thèse
Vincent BARREAUD
Maître de conférence,
ENSSAT /co-directeur de thèse

Remerciements

Je tiens à remercier en tout premier lieu les membres du jury d'avoir bien accepter juger ce travail de thèse. En particulier, je remercie chaleureusement Yannis Stylianou, professeur à l'université de Crète et Olivier Rosec, de France Télécom - Orange Labs, d'avoir accepté la charge de rapporter mon travail de thèse. Je remercie également Xavier Rodet, professeur à l'IRCAM Paris, de m'avoir fait l'honneur de présider mon jury de thèse.

Je tiens à remercier et exprimer toute ma reconnaissance à Olivier Boëffard et Vincent Barreaud qui ont encadré mes travaux de thèse. Au cours de ces années, j'ai beaucoup apprécié votre grande disponibilité, votre rigueur scientifique, votre enthousiasme et vos précieux conseils qui m'ont permis de travailler dans les meilleures conditions. Un grand merci à Olivier qui m'a accordé sa confiance de travailler sur cette thèse, ses analyses pertinentes et son intelligence pour bien mener le parcours de ce travail, également un grand merci à Vincent pour son suivi, sa disponibilté et sa capacité de décortiquer les problèmes rencontrés.

Ce travail de recherche a été réalisé au sein de l'équipe Cordial dirigée par Laurent Miclet, je le remercie beaucoup pour m'avoir accueilli dans son équipe. Je souhaite également remercier les enseignants de l'IUT de Lannion section informatique pour m'avoir accorder le poste d'enseignant ATER durant ma dernière année de thèse. Beaucoup de personnes que j'ai appréciées, je cite en particulier Arnaud, Nelly, Laure, Pierre, Damien et Ludovic et également à tous les autres membres de l'équipe. Mes remerciements s'adressent aussi à mes collègues doctorants : Sébastien, Mohamed, Jonathan, Nouredine et Anouar, je leurs souhaite une bonne réussite.

Je souhaite également remercier toute ma famille qui m'a soutenu durant ma durée d'étude.

Acronymes

ANN	Artificial Neural Network
CART	Classification and Regression Tree
DFW	Dynamic frequecy Warping
DTW	Dynamic Time Warping
GMM	Gaussian Mixture Model
HMM	Hidden Markov Model
LMR	Linear Multivariate Regression
LPC	Linear Prdiction coding
LSF	Line Spectral Frequency
MAP	Maximum a Posteriori
MFCC	Mel Frequecy Cepstral Coefficients
MLLR	Maximum Likelihood Linear Regression
MOS	Mean Opinion Score
RBF	Radial Basis Function
RMS	Root Mean Square
SVQTree	Split Vector Quantization Tree
STASC	Speaker Transformation Algorithm using Segmental Codebooks
TD-PSOLA	Time Domain Pitch Synchronous Overlap and Add
TTS	Text-To-Speech
VQ	Vector Quantization

Table des matières

Table des matières   vi

1 Introduction à la conversion de voix   1
   1.1 Introduction à la parole 2
       1.1.1 Processus de production de la parole 2
       1.1.2 Modélisation de la parole 4
       1.1.3 Modélisation du signal de parole 5
       1.1.4 Aperçu sur la phonétique 7
   1.2 Conversion de voix : définition et objectif 9
   1.3 Problématique 10
   1.4 Aperçu de la thèse 11

2 Etat de l'art sur la transformation de voix   13
   2.1 Systèmes de conversion de voix 13
   2.2 Principales étapes d'un système de conversion de voix 16
       2.2.1 Analyse et paramètrisation 16
       2.2.2 Alignement 17
       2.2.3 Apprentissage de la fonction de transformation 18
       2.2.4 Conversion 20
       2.2.5 Synthèse de la voix 23
       2.2.6 Évaluation de la conversion de voix 24
            2.2.6.1 Évaluation objective 24
            2.2.6.2 Évaluation subjective 25
   2.3 Alignement parallèle et non-parallèle 26
       2.3.1 Mapping de classes 26
       2.3.2 Technique de sélection d'unités 27
       2.3.3 Technique basée sur la reconnaissance de la parole 27

	2.3.4	Programmation dynamique	27

- 2.3.4 Programmation dynamique 27
- 2.3.5 Alignement itératif 28
- 2.4 Apprentissage avec peu de données 28
  - 2.4.1 Adaptation par MLLR 28
  - 2.4.2 Adaptation à base de maximum *a posteriori* 29
  - 2.4.3 Adaptation à base d'interpolation multi-locuteurs 29
  - 2.4.4 Influence de la variabilité spectrale sur la distorsion 30
  - 2.4.5 Approche par sélection d'unités 30
  - 2.4.6 Modèle intra-trame sur peu de données 30
  - 2.4.7 Modèle à base de formant 31

3 Transformation linéaire basée sur le modèle GMM — 33

- 3.1 Introduction 33
- 3.2 Conversion de voix par GMM 36
  - 3.2.1 Définition du modèle GMM 36
  - 3.2.2 Estimation des paramètres du GMM 39
  - 3.2.3 Algorithme EM 39
  - 3.2.4 Modèles de fonctions de transformation 40
    - 3.2.4.1 Conversion avec un GMM source 40
    - 3.2.4.2 Conversion avec un GMM conjoint 41
    - 3.2.4.3 Conversion avec Maximum *a Posteriori* (MAP) 41
    - 3.2.4.4 Conversion spectrale à base de maximum de vraisemblence 42
- 3.3 Comparatif des solutions existantes 44
  - 3.3.1 Problématique 44
    - 3.3.1.1 Effet du surlissage 45
    - 3.3.1.2 Effet du sur-apprentissage 45
    - 3.3.1.3 Effets du volume de données d'apprentissage 46
  - 3.3.2 Proposition 47
  - 3.3.3 Calcul des paramètres libres de la fonction de transformation . . 49
- 3.4 Résultats et discussion 50
  - 3.4.1 Description méthodologique 50
  - 3.4.2 Effet de sur-apprentissage 51
  - 3.4.3 Volume minimum des données d'apprentissage 54
    - 3.4.3.1 Construction des bases d'apprentissage 54
    - 3.4.3.2 Effet de réduction de volume des données 55

3.5 Conclusion 61

4 Alignement non-parallèle des données d'apprentissage   **63**
4.1 Introduction 63
4.2 Les données d'apprentissage ne sont pas parallèles 64
    4.2.1 Problématique 64
    4.2.2 Proposition d'un modèle d'appariement pour corpus non-parallèles   64
        4.2.2.1 Expériences préliminaires 64
        4.2.2.2 Solution svqTree proposée 67
4.3 Résultats et discussion 71
    4.3.1 Alignement par svqTree 71
    4.3.2 Discussion 72
        4.3.2.1 Evaluation du système de conversion 72
        4.3.2.2 Trajectoires cepstrales 75
        4.3.2.3 Calcul du RMS (*Root Mean Square*) 75
4.4 Influence de la variabilité du locuteur sur la conversion de voix 79
    4.4.1 Transformation par GMM avec prise en compte du *svqTree* . . . 80
    4.4.2 Techniques d'appariement étudiées 80
        4.4.2.1 Appariement par alignement temporel dynamique . . 80
        4.4.2.2 Appariement par décomposition hièrarchique binaire . . 81
    4.4.3 Etude expérimentale 81
        4.4.3.1 Protocole expérimental 81
        4.4.3.2 Evaluation sur plusieurs bases 83
        4.4.3.3 Alignement par DTW et style d'élocution 83
        4.4.3.4 Alignement svqTree avec corpus parallèle 84
        4.4.3.5 Alignement svqTree avec un corpus non parallèle . . . 85
4.5 Conclusion 86

5 Transformation non-linéaire avec des fonctions à base radiale   **89**
5.1 Introduction 89
5.2 Transformation non-linéaire à base de RBF 90
    5.2.1 Approche par descente du gradient 92
5.3 Expérimentation 93
    5.3.1 Protocole expérimental 93
    5.3.2 Résultats et discussions 94
        5.3.2.1 Effet de la variance 94
        5.3.2.2 Trajectoire des paramètres cepstraux 95

		5.3.2.3	Réduction des données d'apprentissage	95
5.4	Conclusion			97

6 Transformation par *True Envelope* avec réduction de dimension   99

- 6.1 Introduction 99
  - 6.1.1 Méthode dite de la *true envelope* 100
  - 6.1.2 Analyse en composante principales PCA 101
- 6.2 Modèle de true-envelope avec PCA 102
  - 6.2.1 Procédure de projection PCA avec reconstruction 103
    - 6.2.1.1 Extraction des paramètres de PCA true-envelope 103
    - 6.2.1.2 Calcul du vecteur des paramètres à partir des paramètres de décomposition PCA 104
    - 6.2.1.3 Reconstruction de l'enveloppe 104
  - 6.2.2 Analyse et synthèse par modèle PCA/true-envelope 105
    - 6.2.2.1 Dimensionnement des paramètres 105
    - 6.2.2.2 Comparaison avec un modèle LPC 108
- 6.3 Transformation globale par le modèle PCA/true-envelope 108
  - 6.3.1 Description des méthodes de transformation 109
    - 6.3.1.1 Quantification vectorielle sans lissage (A) 110
    - 6.3.1.2 Quantification vectorielle avec lissage (B) 111
    - 6.3.1.3 Quantification vectorielle conjointe (C) 112
    - 6.3.1.4 GMM source (D) 113
    - 6.3.1.5 GMM conjoint (E) 113
  - 6.3.2 Protocole expérimental 114
  - 6.3.3 Résultats et discussion 115
    - 6.3.3.1 Comparaison entre les différentes méthodes de transformation 115
    - 6.3.3.2 Quelques exemples de courbes de distorsion 116
- 6.4 Transformation par classe phonétique sur le modèle PCA/true-envelope   118
  - 6.4.1 Méthodologie 119
  - 6.4.2 Méthodes de transformation 120
  - 6.4.3 Protocole expérimental 120
  - 6.4.4 Résultats et discussion 121
    - 6.4.4.1 Etude comparative 121
    - 6.4.4.2 Quelques exemples de courbes de distorsion 123
    - 6.4.4.3 Reconstruction des enveloppes transformées 125

6.5	Conclusion	129

Conclusion   **134**

Appendices   **135**
     A   Estimation du modèle *Gamma-scalar* 137
     B   Estimation du modèle *Gamma-vector* 137
     C   Transformation non-linéaire par la méthode OLS 139

Bibliographie   **149**

Table des figures   **151**

Chapitre 1

Introduction à la conversion de voix

La communication homme/machine suscite depuis longtemps l'intérêt d'un grand nombre de chercheurs en traitement de parole et en technologie de l'information. Le but est de rendre le dialogue avec la machine le plus proche possible d'un dialogue humain.

Les technologies vocales deviennent incontournables pour atteindre un tel objectif. On peut distinguer les systèmes de reconnaissances de la parole qui permettent de passer d'une forme orale à une description symbolique (le plus souvent des mots) des systèmes de synthèse de la parole qui rendent possible la vocalisation d'un texte. Au cours de ces deux dernières décennies, de nombreux travaux de recherche en synthèse de parole ont été proposés, mais malgré ce progrès, on est toujours loin d'un système de synthèse idéal :

- Une haute qualité de parole synthétisée mesurée en terme d'intelligibilité et de naturel,
- Une maîtrise du signal de parole, en tenant en compte de l'accent, l'intonation et de la vitesse d'élocution.

Le problème majeur auquel se heurte encore aujourd'hui la synthèse de la parole à partir du texte concerne la construction des corpus de données, volumineux, nécessitant des ressources techniques et humaines, notamment un nombre varié d'enregistrements de voix. Dans ce contexte un système de transformation de la voix apparaît comme une solution permettant de déplacer le problème de construction de nouveaux corpus de parole vers un problème d'adaptation de corpus de référence à un nouveau contexte d'identité vocale. Ainsi une solution flexible, simple et efficace telle que la conversion de parole permet d'obtenir une diversité de voix pour les systèmes de synthèse de la voix. Dans le contexte des techniques de conversion de voix, on s'intéresse au changement de l'identité du locuteur mais aussi au style d'élocution tenant compte par exemple des sentiments de l'attitude et de l'émotion d'un locuteur.

Un système de conversion de voix (SCV) peut s'appliquer à différents domaines autres que la synthèse de la parole à partir du texte. Par exemple, il peut être utilisé dans l'apprentissage des langues étrangères, la recherche psychoacoustique, le doublage de films ou encore le divertissement où certaines personnes ont des préférences pour des voix particulières. Pour répondre à l'émergence des applications biométriques, la conversion de voix peut se placer comme évaluateur de systèmes permettant de vérifier l'identité de la voix. Dans le domaine médical, différentes solutions peuvent aussi être proposées pour les maladies dégénératives affectant les muscles de la phonation avec pour conséquence une perte d'identité vocale voire d'articulation.

Dans ce qui suit, quelques notions de base sur la production et le codage de la parole seront présentées. Ensuite, on présente une définition de la conversion de voix sera proposées à laquelle sera associée la problèmatique de cette thèse. Enfin, un aperçu de ce mémoire permettra de parcourir le contenu de l'ensemble des chapitres.

1.1 Introduction à la parole

Comprendre le mécanisme de la production de la parole est une étape nécessaire pour le développement d'un SCV. Dans cette section nous allons décrire les étapes de génération de la parole. Ensuite, on donnera un aperçu sur le modèle source-filtre qui permet de simuler la production du signal de parole. La représentation de la parole permet de caractériser le signal sous forme de paramètres, ceux-ci permettent de faciliter les opérations de traitement et de synthèse de la parole. Enfin, on terminera par un aperçu sur la phonétique, qui offre un lien entre les unités phonétiques et leurs descriptions acoustiques.

Définition 1

Le son est une perturbation de la matière se propageant dans un milieu élastique, le plus souvent l'air (Pythod et Xauthos, 2003).

Définition 2

Le processus de production de la parole est un mécanisme relativement complexe qui repose sur une interaction entre deux systèmes : neurologique (système nerveux central) et physiologique (poumon, larynx, organes du conduit vocal, etc.).

1.1.1 Processus de production de la parole

Le fonctionnement de l'appareil phonatoire humain repose sur l'interaction entre trois entités : les poumons, le larynx et le conduit vocal. Le conduit vocal s'étend des cordes vocales en passant par différentes zones d'articulation (le pharynx, la cavité buccale, la cavité labiale et les fosses nasales) (voir figure 1.1). Les différentes formes du conduit vocal conduisent à différentes fréquences de résonance appelées formants, ces derniers déterminent différents classes du signal parole.

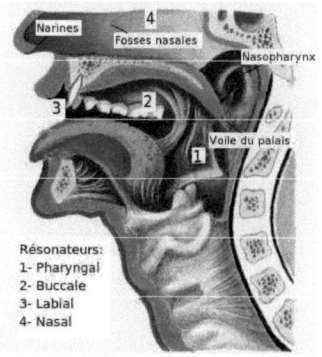

FIGURE 1.1 – Les différentes zones décrivant le conduit vocal (d'après le site de ircam.fr).

Le larynx quant à lui sert à réguler le débit de l'air via le mouvement des cordes vocales.

La parole est ainsi le résultat de la variation de la pression d'air à travers le système articulatoire. L'air des poumons (voir figure 1.2) anime sous pression au niveau des cordes vocales. Les cordes vocales peuvent prendre deux états : fermé ou écarté. Si les cordes sont fermées, l'air comprimé exerce une pression sur les cordes vocales conduisant à une mise en vibration. Cette variation génère alors un son audible périodique que l'on qualifie de son voisé et dont la fréquence fondamentale est notée F_0. Si les cordes vocales sont écartées, l'air passe sans difficulté et génère alors un son que l'on qualifie de non-voisé qui s'apparente à un bruit (voir figure 1.3). La figure 1.3 illustre les propriétés de deux fragments respectivement voisé et non-voisé. Sur la partie droite, on remarque que la vibration des cordes vocales génère une périodicité visible sur le signal parole. Sur la partie gauche qui correspond à un signal non-voisé (bruit), on remarque qu'il n'y a pas de périodicité.

Il faut noter que la variation de la forme et la longueur des cordes vocales conduit un changement de la fréquence fondamentale du signal de parole, cette fréquence varie entre 100 et 200 Hz chez l'homme, de 150 à 300 Hz chez la femme et de 250 à 400 Hz

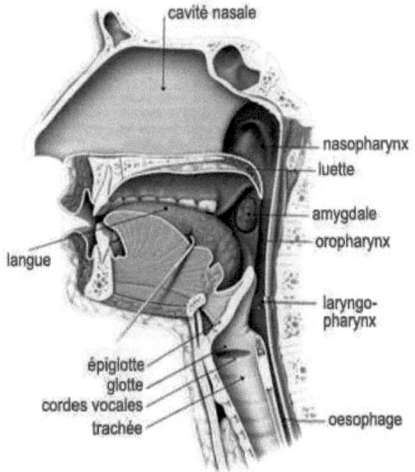

FIGURE 1.2 – Représentation des organes de l'appareil phonatoire (d'après le site de mcgill.ca).

chez l'enfant (voir figure 1.4 montrant la prononciation de la phrase "On arrive à des situations absurdes"[1] par deux locuteurs, un homme et une femme. On peut observer une différence de fréquence fondamentale moyenne entre ces deux locuteurs).

L'air, qui passe à travers le conduit vocal, poursuit son chemin au travers des zones d'articulation. La présence ou l'absence d'obstacles sur le parcours de la colonne d'air modifie la nature du son produit qui varie ainsi entre friction, nasalisation et plosion.

1.1.2 Modélisation de la parole

Différents modèles ont été proposés pour simuler la production de la parole, le plus répandu d'entre-eux est le modèle source-filtre. Ce modèle a été proposé par Johannes Müller en 1748 et a été décrit en détail par Gummar Fant (Fant, 1970). La décomposition source-filtre est une théorie particulièrement bien adaptée au problème de conversion de voix. Transformer les paramètres du filtre revient à simuler la modification des caractéristiques du conduit vocal (En-Najjari, 2005).

Ce modèle permet de décrire le signal parole dans le domaine spectral à un instant

---

1. Cette phrase a été tiré du corpus BREF 120 (Lamel *et al.*, 1991)

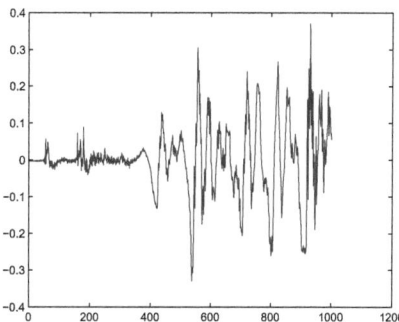

FIGURE 1.3 – Représentation d'un signal parole, la tranche de 0 à 400 ms concerne la partie non-voisée et de 400 à 1000 ms la partie voisée.

donné. Dans ce modèle, la production de la parole est composée de trois parties indépendantes (Hosom, 2000) : la partie source modélisant la vibration des cordes vocales, la deuxième partie, conséquente, modélise le conduit vocal et la dernière correspond à la sortie finale du son à la hauteur des lèvres.

Mathématiquement, on considère que le signal de parole généré est une convolution de deux modèles, celui de la source et celui du filtre. Le signal source est caractérisé par une suite d'impulsion générées aux instants de fermeture de la glotte. Le spectre de la partie filtre, appelé enveloppe spectrale, caractérise en première approximation le timbre de la voix. Il est composée du spectre du filtre qui décrit le conduit vocal auquel on ajoute la partie lisse du spectre glottique (En-Najjari, 2005), (voir figure 1.5).

1.1.3 Modélisation du signal de parole

Dans le processus de traitement de la parole, on procède souvent à un découpage du signal parole en une suite de segments appelés trames. Cette segmentation permet de capturer les propriétés locales de chaque portion du signal (Arthur, 2008). Chaque trame peut être représentée par un ensemble de paramètres, appelés coefficients d'analyse. Dans le domaine de la conversion de voix, le choix de ces coefficients repose sur certains critères :
- Bonne réduction du volume de données résultant du l'analyse des signaux temporels de parole.
- Bonne propriété de génération du signal parole.

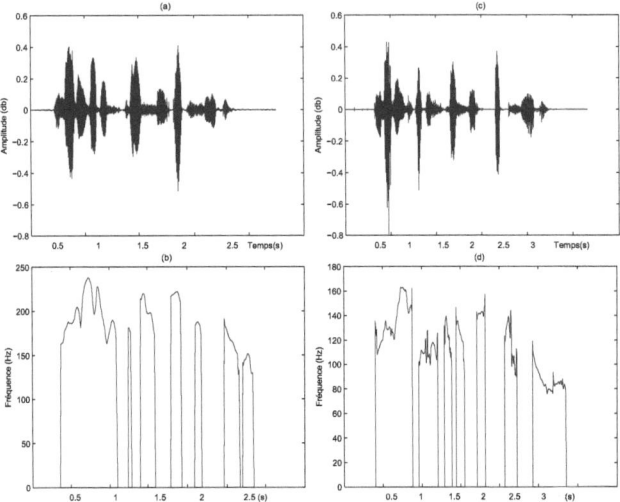

FIGURE 1.4 – Prononciation de la phrase "On arrive à des situation absurdes" par deux locuteurs. Pour le locuteur femme : (a) Représentation du signal parole et (b) sa fréquence fondamentale. Pour le locuteur homme : (c) Représentation du signal parole et (d) sa fréquence fondamentale.

– Efficacité lors de l'apprentissage des modèles statistiques.

Parmi ces paramètres d'analyse on peut trouver :

Les coefficients cepstraux : ces paramètres sont utilisés du fait qu'ils permettent de caractériser le filtre le plus souvent sur une échelle non linéaire propre à reproduire notre mécanisme de perception auditive. Ils sont très largement utilisés en reconnaissance et en synthèse de la parole. On peut distinguer le cepstre discret (Stylianoun, 1996), les MFCC *Mel Frequency Cepstral Coefficients* (Stylianou et al., 1998; Toda et al., 2005) et les paramètres LPC *Linear Predictive Coding* (Lee, 2007).

Paramètres LSF *Line Spectral Frequency*, ces paramètres sont largement utilisés dans les SCV (Arslan, 1999; Kain et Macon, 2001; Ye et Young, 2004; Duxans et Al., 2006; Erro et Moreno, 2007). Ils ont de bonnes propriétés d'interpolation et une bonne représentation des structures de formant. D'après l'étude de (En-Najjary et al., 2003), ces paramètres parviennent ainsi à capturer finement et modifier les informations pertinentes de l'enveloppe spectrale des signaux de parole. Dans l'étude de (Turk, 2007),

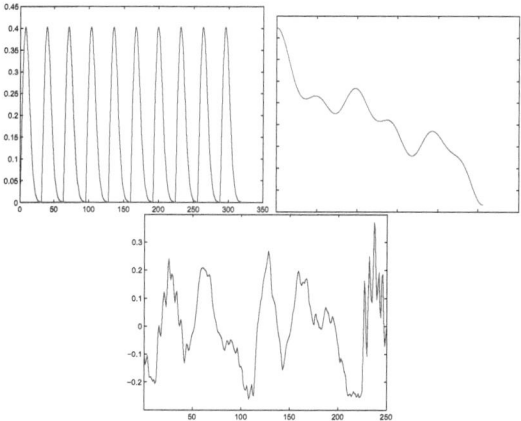

FIGURE 1.5 – Description du modèle source-filtre : en haut à gauche le signal d'excitation, en haut à droite le filtre modélisant le conduit vocal et en bas le signal de parole généré.

on a constaté que les coefficients cepstraux sont plus adaptés à l'alignement, alors que les LSF sont préférables pour la phase de transformation à proprement parlé.

Echantillons spectraux, on peut utiliser une conversion sur des échantillons spectraux si on veut faire une transformation à base fréquentielle (Valbret *et al.*, 1992; Sündermann et Ney, 2003; Toda *et al.*, 2001).

Formants : il s'agit des paramètres liés aux résonances du conduit vocal, on distingue les fréquences des formants, la largeur des bandes passantes ainsi que l'intensité (Abe *et al.*, 1988; Narendranath *et al.*, 1995; Kain *et al.*, 2007).

1.1.4 Aperçu sur la phonétique

Le terme phonétique désigne de façon générale tout ce qui est relatif aux sons du langage. L'unité élémentaire abstraite qui décrit un son est appelé phonème. Le phone est considéré comme étant l'instantiation du phonème, physiquement c'est la réalisation acoustique du phonème. Un diphone représente la transition entre deux phonèmes successifs (voir cours (Dutoit, 2008)), il commence à la moitié du premier phone et se termine à la moitié du second.

Les caractéristiques acoustiques des phonèmes varient en fonction du mouvement du

IPA	exemples	type	IPA	exemples	type
[i]	lit, il, lyre	voyelle	[v]	vache, vous	consonne
[u]	ours, genou, roue	voyelle	[s]	serpent,tasse,nation,celui	consonne
[y]	tortue, rue, vêtu	voyelle	[z]	zèbre,zéro,rose	consonne
[a]	avio, ami, patte	voyelle	[ʃ]	chat,tâche,schéma	consonne
[ɑ]	âne, pas, pâte	voyelle	[ʒ]	jupe, gilet	consonne
[ã]	ange, sans, vent	voyelle	[l]	lune, lent, sol	consonne
[o]	mot, zone, eau,	voyelle	[r]	robot, rue, venir	consonne
[ɔ]	os, fort, sol	voyelle	[p]	pomme, soupe, père	consonne
[õ]	lion, ton, ombre	voyelle	[m]	mouton, mot,flamme	consonne
[e]	école, blé, chez	voyelle	[t]	tambour, terre, vite	consonne
[ɛ]	aigle, lait, merci	voyelle	[d]	dent, dans,aide	consonne
[ɛ̃]	lapin, brin, plein	voyelle	[n]	nuage, animal, nous	consonne
[ø]	feu, peu, deux	voyelle	[k]	cadeau, clou, qui, sac	consonne
[œ]	meuble, peur	voyelle	[g]	gâteau, bague, gare, qui	consonne
[œ̃]	parfum, lundi, brun	voyelle	[ɲ]	peigne, agneau, vigne	consonne
[ə]	requin, premier	voyelle	[j]	quille, yeux, panier	semi-voyelle
[f]	fusée, feu	consonne	[w]	oiseau, oui,fouet	semi-voyelle
[b]	balle, bon,robe	consonne	[ɥ]	puit, huile, lui	semi-voyelle

TABLE 1.1 – Liste des phonèmes de l'alphabet phonétique du français.

conduit vocal lors de l'articulation (Duxans, 2006). Les phonèmes peuvent être décrits selon la manière d'articulation, les points d'articulation ou encore la nature du son voisée ou non-voisée.

On peut distinguer trois classes phonétiques principales : les voyelles, les semi-voyelles et les consonnes. Le tableau 1.1 décrit l'alphabet phonétique internationale (IPA) pour le français (voir cours (Dutoit, 2008)), il associe des symboles phonétiques aux sons pour faciliter la prononciation.

Les voyelles différent de tous les autres sons par le degré d'ouverture du conduit vocal. Si le conduit vocal est suffisamment ouvert pour que l'air puisse passer sans obstacle, il y a production d'une voyelle. Par contre, si le passage se rétrécit ou se ferme temporairement, un bruit est généré lors du passage forcé d'air, ce qui correspond à la production de consonne. Les semi-voyelles, quand à elles combinent certaines caractéristiques des voyelles et des consonnes. Au début de la prononciation ça ressemble à une voyelle, mais le relâchement soudain de l'ouverture vocale produit une friction qui est typique aux consonnes.

1.2 Conversion de voix : définition et objectif

La conversion de la voix consiste à modifier les paramètres audio d'une voix source, afin qu'elle soit perçue et reconnue comme celle d'une voix cible. Le mécanisme de la parole humaine est remarquablement complexe. Le signal de parole présente tout d'abord une variabilité inter-locuteur. D'autre part, il peut aussi être affecté par un bruit d'environnement ou influencé par un accent ou une pathologie particulière.

Actuellement, les systèmes de conversion de voix sont employés efficacement dans les domaines tels que la traduction, les logiciels éducatifs, l'aide médical, ou encore le divertissement. Les travaux de recherche dans ce domaine mettent l'accent sur la fonction de transformation de façon à rendre une voix transformée la plus intelligible, précise et naturelle possible. Pour être efficace, la conversion de voix doit tenir compte des différents facteurs reliés à l'individualité de la voix, ces facteurs sont généralement de type linguistiques ou acoustiques.

Facteurs linguistiques : Une voix est généralement influencée par un voisinage, la famille et dépend aussi de l'âge, le statut social, le lieu de résidence et la communauté d'appartenance du locuteur. Ainsi, les facteurs linguistiques qui influencent la voix, correspondent à diverses informations caractérisant le dialecte, la terminologie, la construction syntaxique et les formes lexicales adoptés par un locuteur.

Facteurs acoustiques : Ces facteurs sont définis comme des caractéristiques de la voix individuelle, ils sont classés en deux niveaux :

Le niveau suprasegmental : Il inclut les caractéristiques prosodiques comme le contour de la fréquence fondamentale, la durée des mots, le rythme, la durée et position des pauses. Ces caractéristiques sont souvent conditionnées par les facteurs linguistiques et peuvent aussi changer en fonction de l'état émotionnel du locuteur.

le niveau segmental : La conversion de voix se situe au niveau segmental si elle opère sur les unités les plus élémentaires du signal de parole comme le phone. Ces unités sont issues de la paramètrisation du signal acoustique selon un modèle de production du son dont le plus connu est le modèle source-filtre (voir section 1.1.2).Les critères segmentaux sont donc liés à la source du signal (pression du flux d'air, mode respiratoire, harmonie vocale, etc.) aussi bien qu'à l'articulation des sons réalisée par le locuteur (timbre, flux nasal, etc.).

Il est difficile d'analyser et de modéliser les caractéristiques linguistiques d'un locuteur, pour cela la plupart des systèmes de conversion de voix se penchent principalement sur les facteurs acoustiques. Le niveau segmental est porteur d'une large part de l'identité du locuteur et en particulier de ses caractéristiques physiologiques. On l'oppose ainsi à la conversion suprasegmentale qui, elle, s'attache à modifier les facteurs prosodiques.

Cette thèse s'attache à construire un système de conversion de la voix travaillant au niveau segmental. On cherche à exploiter les paramètres segmentaux de la voix pour améliorer la qualité d'une transformation. Les transformations de nature prosodique est hors du contexte des objectifs de cette thèse.

1.3 Problématique

Une transformation de la voix doit être apprise sur un ensemble de données et comme tout apprentissage, on doit effectuer une comparaison. Cette comparaison peut se faire à différents niveaux de granulite :segmental ou non-segmental. On peut se poser plusieurs questions :quel modèle d'apprentissage doit-on choisir, quelle quantité de données suffisantes doit-on utiliser et sur quels critères, la comparaison des modèles d'apprentissage doit être faite.

Dans plusieurs applications, deux types de problèmes peuvent survenir et influencer ainsi la phase d'apprentissage et par conséquence la qualité de conversion, on peut noter : le volume de données enregistrées sur le locuteur, qui sont nécessaires à l'apprentissage et les données non-parallèles, c'est à dire que les locuteurs source et cible ne prononcent pas des phrases identiques. Par exemple en biométrie, les systèmes d'identification vocales ont pour but de reconnaître à coup sûr une personne à partir de sa voix. Le risque dans une identification vocale est que la voix peut être contrefaite. Le système de conversion de voix peut donc se placer comme un évaluateur de systèmes d'identification de voix. Pour se placer dans des conditions réelles, ce système ne disposera que d'un faible échantillon de la voix cible. Dans ce même cadre, ces données seront forcément non-parallèles.

Face à cette situation, nous avons imposé deux contraintes fortes pour élaborer notre système de conversion de voix. Le premier défi consiste à disposer de modèles de conversion et de techniques d'apprentissage adaptés à des corpus de parole de petites taille. Avec cette contrainte, la réduction du nombre de paramètres d'apprentissage à estimer devient impératif, de façon à améliorer la robustesse d'un système de conversion de voix. Le second défi s'affranchit de toute connaissance symbolique (e.g. phonétique), hypothèse qui a des répercussions sur l'apprentissage de la fonction de conversion et notamment la phase d'appariement des données source et cible.

Pour répondre à ces limites, nous allons proposer dans cette thèse quelques solutions. La première consiste à étudier l'influence des paramètres de transformation et le volume de données d'apprentissage sur la qualité de la conversion. La deuxième essaie de trouver une solution pour aligner les phrases prononcées de manière indépendante, par les locuteurs source et cible. La troisième étudie la possibilité de réduire le nombre de paramètres du système de conversion, lorsqu'on change complètement le modèle d'apprentissage. La dernière permet de réduire les erreurs d'alignement, tout en améliorant la qualité spectrale, en proposant de séparer l'espace segmental sur différentes classes phonétiques.

1.4 Aperçu de la thèse

Ce mémoire de thèse est organisé comme suit.

Le chapitre 2 décrit l'état de l'art de la conversion de voix, en exposant les différentes dates qui ont marqué l'évolution de la conversion de voix, ainsi que les problèmes restant ouverts.

Dans le chapitre 3, on présente l'approche par mélange de gaussiennes, GMM, avec peu de paramètres de transformation. Le but de cette étude est d'étudier le comportement des systèmes de transformation linéaires, surtout lorsqu'on ne dispose que de peu de données d'apprentissage issues des enregistrements de locuteurs. Dans ce cadre on a proposé une fonction de conversion (gamma-vector), qui peut s'exprimer avec un nombre de paramètres réduits, tout en conservant un pouvoir de conversion similaire à des méthodes classiques (Stylianou *et al.*, 1998; Kain et Macon, 2001). De manière générale, on essaye de faire le lien entre la performance des systèmes de transformation utilisant peu de paramètres (degrés de liberté) et le volume minimum de données d'apprentissage.

Dans le chapitre 4, pour contourner le problème de données non-parallèles, une alternative à la DTW a été proposée, permettant d'obtenir des vecteurs joints sans pour autant disposer de données parallèles. La technique mise au point, entre dans la catégorie d'appariement de classes hièrarchique, nommée svqTree.Sa nouveauté réside en particulier dans un appariement progressif et dyadique des espaces acoustiques source et cible. En considérant un niveau de décomposition, le principe consiste à séparer en deux sous-espaces chacun des espaces acoustiques des locuteurs sources et cibles et d'apparier les sous-espaces les plus proches au sens d'une métrique définie.

Dans une seconde partie, nous proposons de mettre en évidence l'influence de l'alignement et la variabilité inter-locuteur sur des SCV à base de GMM. Dans un SCV, une faible variabilité intra-locuteur [2] risque de surentraîner les modèles de transformation là

---

2. la voix d'un locuteur dépend de son état physique et émotionnel ; de plus, le comportement d'un

où un nombre égal de phrases d'entraînement pour une voix à forte variabilité donnera des modèles plus conformes à la réalité. De même, la différence entre les modèles de voix source et cible ainsi que l'exploitation de cette différence que font les systèmes pour convertir une voix dépendent de la variabilité inter-locuteur [3]. En particulier, on a cherché à effectuer une conversion de voix dans le cas où la vitesse d'élocution des locuteurs source et cible diffère. Dans ce cas, les données d'apprentissage s'éloignent de l'hypothèse parallèle nécessaire à l'application efficace de la DTW. Nous avons mis en évidence la technique du svqTree, qui permet d'effectuer un alignement des vecteurs source et cible à partir des décisions locales. En effet, cette technique n'exploite pas les relations temporelles entre vecteurs et, par conséquent, fournit un alignement similaire que les données d'apprentissage soient parallèles ou qu'elles s'en éloignent.

Au cours du chapitre 5, une étude comparative entre les SCV à base de GMM et une méthode de transformation non-linéaire est faite. Notre proposition consiste à transformer l'espace segmental source vers un espace cible en utilisant des fonctions non-linéaires basées sur les réseaux de neurones de type RBF (Radial Basis Function). Le RBF est considéré comme un approximateur universel qui peut tenir compte des caractéristiques spécifiques des locuteurs (source et cible). Le RBF présente un intérêt supplémentaire puisqu'il peut être caractérisé par un ensemble de paramètres réduit (en comparaison avec un GMM par exemple). Aussi, dans le cas où peu de données d'apprentissage sont disponibles, un RBF doit présenter une capacité de conversion mieux que les systèmes linéaires à base de GMM.

Au cours du chapitre 6, une étude permettant d'estimer l'enveloppe spectrale par le biais de la true enveloppe. Cette dernière permet d'estimer une enveloppe lisse, qui passe par les pics du spectre et préserver un signal de haute qualité lors de la synthèse. Notre proposition est basée sur un modèle de paramètres issus de la projection PCA (Principal Component Analysis) sur la true envelope. Le recours à la PCA vient du fait de réduire la dimension des enveloppes et faciliter la tâche de la transformation. Afin de mesurer l'efficacité de ce modèle PCA true envelope, on a proposé de l'appliquer sur deux espaces segmentales, l'un correspond à un corpus de phrases sans distinguer les phones qui les composent, l'autre sur le même corpus mais séparé phonétiquement sur 32 phonèmes. Le but est de voir le rôle de la séparation phonétique dans la transformation basée sur la PCA true envelope.

Finalement, en conclusion on va dresser le bilan de synthèse des résultats obtenus, ainsi que quelques perspectives envisagées pour la suite de nos travaux.

---

locuteur se modifie lorsque celui-ci s'habitue à un système.

3. Les différences morphologiques des personnes influencent les caractéristiques du signal sonore produit (comme le timbre, la hauteur, la nasalité, etc.)

Chapitre 2

Etat de l'art sur la transformation de voix

Un système de conversion de voix doit capturer les caractéristiques de la voix du locuteur par le biais de certains paramètres de modélisation du signal de parole. Ces paramètres doivent pouvoir être aisément convertis et modifiés afin de reconstruire un signal parole de bonne qualité. L'ensemble des paramètres collectés sur la voix des locuteurs (source, cible) constituent les données d'apprentissage et de test. Pour passer d'une voix source vers une voix cible, on doit déterminer un modèle de transformation sur une base des données alignées (phrases identiques prononcées à la fois par le locuteur source et le locuteur cible et synchronisées par un alignement), ou sur une base de données non-parallèles (phrases du locuteur source indépendantes des phrases du locuteur cible). Une autre situation peut être rencontrée lors de l'apprentissage, c'est lorsqu'on ne dispose que de peu de données sur la cible.

Dans ce qui suit, on expose un état de l'art qui décrit les différentes étapes qui ont pu marquer les systèmes de conversion de voix. Ensuite, on décrit les différentes approches qui ont contribué à l'alignement (parallèle et non-parallèle). Enfin, on présente les différentes techniques d'apprentissage lorsqu'on ne dispose que de peu de données sur le locuteur cible.

2.1 Systèmes de conversion de voix

Les SCV adoptent tous une structure similaire, résumée dans la figure 2.1. Ils convertissent une phrase de la voix source en lui appliquant une fonction de transformation (phase de test). Cette fonction de transformation est préalablement apprise sur des données provenant du locuteur source et du locuteur cible (phase d'apprentissage).

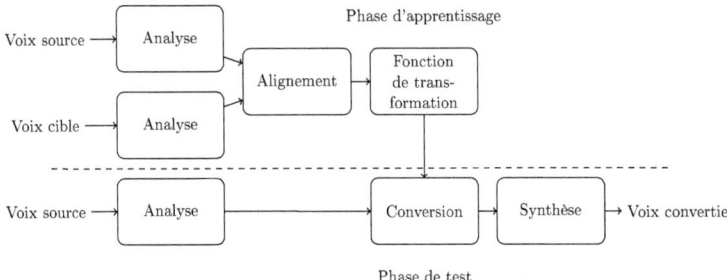

FIGURE 2.1 – Les différentes étapes décrivant le processus de transformation de la voix.

Au cours de la phase d'apprentissage, les signaux sonores issus des locuteurs source et cible subissent une phase de paramétrisation (phase d'analyse acoustique). Les ondes sonores correspondantes sont converties en séquences de vecteurs acoustiques. Ces données constituent les données d'apprentissage. Les données d'apprentissage des locuteurs source et cible passent ensuite par une phase d'alignement. Cette phase consiste à associer un vecteur source à un vecteur cible équivalent. Cette correspondance est aisément obtenue dès lors que l'on dispose de données parallèles, en ayant des phrases prononcées à la fois par le locuteur source et le locuteur cible. Dans ce cas, on utilise classiquement un algorithme de programmation dynamique (DTW)[1] *Dynamic Time Warping*, voir figure 2.2.

Les données d'apprentissage appariées sont alors modélisées par leurs statistiques d'occurence. Les modèles statistiques peuvent prendre la forme d'un code-book, d'un modèle conjoint de mélange de lois normales (GMM) *Gaussian Mixture Model*, d'un modèle de Markov caché (HMM) *Hidden Markov Model*, ou d'un réseau de neurones (ANN) *Artificial Neural Network*. Enfin, la fonction de transformation est apprise à partir de ce modèle statistique.

La plupart des études faites sur la conversion de voix s'articulent autour des modèles GMM. Ce genre de méthodologie repose sur l'observation statistique de corpus volumineux. Les signaux acoustiques de parole paramétrés sont considérés comme des variables aléatoires. Classiquement, au cours de la phase d'apprentissage, les vecteurs de cible et de source représentent des réalisations acoustiques équivalentes sont appariés

---
1. Une DTW apparie deux à deux les éléments de deux séquences temporelles, par des mesures de similarité temporelles et spatiales

pour former un vecteur acoustique conjoint. Cette mise en correspondance est généralement obtenue par l'application d'une DTW sur un corpus parallèle source/cible[2]. L'espace acoustique conjoint des locuteurs source et cible peut alors être modélisé par un mélange de lois gaussiennes. Le nombre de gaussiennes dans le mélange est influencé par la quantité de données d'apprentissage. En effet, chaque gaussienne est représentée par son poids, sa moyenne et sa variance, autant de degrés de libertés qu'il faut apprendre sur un ensemble limité de données d'apprentissage. Les paramètres des gaussiennes sont classiquement estimés par l'algorithme EM, Expectation-Maximisation (Dempster et al., 1977a).

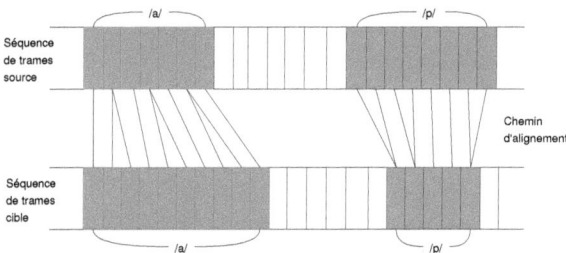

FIGURE 2.2 – Alignement temporel DTW entre les trames source et cible.

Une fois le GMM appris, la fonction de conversion source/cible s'écrit comme une régression linéaire de forme analogue à la distribution conditionnelle de la cible (t_n) par rapport à la source (s_n). La fonction de conversion dépend des paramètres du GMM appris (moyennes, covariances et poids). L'estimation de ces paramètres sont reliés directement au modèle estimé, y compris le modèle source de (Stylianou et al., 1998) ou le modèle conjoint de (Kain et Macon, 1998). Une fois le SCV appris, il reste à évaluer ses performances. On s'attachera alors à évaluer la qualité de la voix transformée ainsi que sa proximité avec la voix cible, en utilisant des mesures objectives (distance entre la séquence de vecteurs cible et la séquence de vecteurs transformés) et des tests subjectifs d'écoute, éventuellement des tests MOS *Mean Opinion Score*[1] ou test ABX[2].

---

2. Un corpus où chaque phrase a été prononcée à la fois par le locuteur source et par le locuteur cible

1. Le test de MOS est utilisé pour mesurer la qualité du signal parole, il est exprimé en valeur de 1 à 5, où 1 correspond à la mauvaise qualité, et 5 à la haute qualité perçue.

2. ABX est un test d'écoute qui permet d'évaluer si une voix X est proche de la voix A ou de la voix B

2.2 Principales étapes d'un système de conversion de voix

Dans cette section on trouve un résumé de l'ensemble des travaux effectués sur le thème de la conversion de voix, voir figure 2.3 ; nous les décrivons suivant les différentes composantes d'un SCV illustré par la figure 2.1, en respectant l'ordre chronologique. Cette section est reliée aux sections 2.3 et 2.4. L'idée de séparer les trois sections qui en fait, ne représentent qu'un seul état de l'art, est de mettre d'une part l'accent sur le fait qu'il y a peu de travaux effectués sur les deux thèmes concernant l'alignement non-parallèle et l'apprentissage avec peu de données. D'autre part, il s'agit de mettre en valeur ces deux derniers points pour les applications aux enjeux technologiques, comme la traduction de langues ainsi que les applications biométriques et médicales. Dans ce contexte, on essaye de tracer l'ensemble des buts réalisés pour chaque approche, voire même leurs limites, afin que nous puissions proposer d'autres alternatives qui peuvent contribuer à construire un SCV complet et performant.

2.2.1 Analyse et paramètrisation

Il y a différentes raisons pour paramétrer les trames de la parole et préparer les phases d'apprentissage et de conversion (Erro, 2008) :
- L'identité du locuteur est bien représentée par certain types de paramètres.
- Il est difficile de convertir la voix à partir des données issues de l'analyse du signal parole (amplitude, phase, fréquence, spectres à court terme, etc.). La conversion des vecteurs à dimension réduite est plus convenable.
- Certains paramètres ont de bonnes propriétés d'interpolation.

Les différents paramètres qu'il est possible de trouver dans la littérature concernant la conversion de voix sont de type : cepstrale, LSF, formant (voir chapitre 1).

D'autres modèles de paramètres ont été proposé pour tenir compte de l'excitation glottique. Dans (Childers, 1995), pour transformer la voix, l'auteur propose un système de prédiction linéaire excité par une onde glottique paramétrique (GELP) *Glottal Excitation Linear Predictive synthesizer* ; on transforme la voix en utilisant des formes d'onde glottique quantifiées du locuteur cible comme signal d'excitation du synthétiseur GELP, les filtres de synthèse, représentant la fonction de transfert acoustique des cavités supra-glottiques n'étant pas modifiés lors de la transformation. Le synthétiseur GELP permet d'obtenir une qualité de parole acceptable.

2.2.2 Alignement

En général, Toutes les techniques de transformation de voix passent par l'alignement des données d'apprentissage. On peut noter deux approches d'alignement : parallèle (manuel, DTW et HMM) et non-parallèle (mapping de classes, alignement itératif, etc.).

Alignement parallèle

Alignement manuel :

Il est utilisé dans certaines situations. Par exemple, dans (Mizuno et Abe, 1995) les formants sont alignés manuellement pour augmenter la précision des SCV. Quoique cette méthode donne une bonne précision, elle consomme beaucoup de temps et elle est moins pratique pour des applications d'apprentissage automatique.

Alignement par DTW :

C'est la technique la plus utilisée dans les SCV. La DTW consiste à trouver le chemin optimal qui minimise la distance spectrale entre les trames des locuteurs source et cible. Cette technique est applicables sur des phrases (Abe et al., 1988; Stylianou et al., 1998; Toda et al., 2005) ou sur des diphones (Kain et Macon, 2001).

Alignement par HMM :

La technique des HMM peut aussi être utilisée dans l'alignement des vecteurs spectraux (Arslan, 1999; Duxans et Al., 2006). Dans (Arslan, 1999), le principe est basé sur la sélection des phrases prononcées par les deux locuteurs source et cible. Pour chaque phrase, on extrait les coefficients cepstraux en supprimant les régions de silence. Ensuite un HMM est entraîné pour chaque phrase du locuteur source, en se basant sur la séquence des vecteurs de paramètres. Le nombre d'états de chaque HMM par phrase est proportionnel à la durée de chaque phrase. La meilleure séquence d'états par phrase est estimée en utilisant l'algorithme de Viterbi. Les vecteurs LSF moyen de chaque état est calculé à la fois pour le locuteur source et locuteur cible, en utilisant les vecteurs trames qui correspondent à chaque état. Finalement, les vecteurs LSF moyens de chaque phrase sont collectés pour former le code-book alignée source-cible.

Une étude intéressante faite par (Godoy et al., 2009) montre que l'alignement est toujours influencé par le problème de *One-to-many*. Ce problème apparaît lorsqu'un groupe de trames source de caractéristiques spectrales similaires est associé à plusieurs trames cibles appartenant à différents groupes de caractéristiques différentes. Dans ce cas, il est impossible pour les différentes trames cibles d'être reliées à une seule information du locuteur source. Le problème de *One-to-many* a été mentionné par (Mouchtaris et al., 2007) dans le contexte de conversion de voix basée sur la *VQ, Vector Quantization*. l'approche de (Godoy et al., 2009) essaye de combattre ce problème de *One-to-many*, en proposant de tenir compte de l'information contextuelle phonétique dans la conversion de voix basée sur le GMM. L'auteur précise qu'en groupant les trames par phonème, en attribuant une composante GMM pour chaque groupe de trames, on obtient des résultats améliorés.

Alignement non-parallèle

On peut citer les travaux faites sur le mapping de classes appliqué aux données non-parallèles, utilisé pour la conversion de voix dans le contexte de traduction de langues (Sündermann et al., 2004), l'alignement à base de reconnaissance de parole (Ye et Young, 2004), l'alignement itérative (Erro et Moreno, 2007). Toutes ces approches seront détaillées dans la section 2.3.

2.2.3 Apprentissage de la fonction de transformation

Dans la première approche appliquée à la conversion de voix (Abe et al., 1988), on définit une procédure de transformation, en se basant sur un apprentissage par quantification vectorielle (VQ). Tout d'abord, les espaces acoustiques (source et cible) sont quantifiés et mis en correspondance par une DTW (Sakoe et Chiba, 1978), ensuite on calcule l'histogramme des correspondances entre les centroïdes des espaces source et cible. Cette méthode présente un défaut de discontinuité spectrale lors de la génération du signal transformé. Pour améliorer la technique de VQ, l'étude de (Abe, 1991) effectue la transformation sur des phonèmes au lieu de fenêtres de longueur fixe et prendre ainsi en compte les caractéristiques dynamiques du locuteur. Une autre technique à base de quantification vectorielle floue (Fuzzy VQ) a été proposée par (Shikano et al., 1991), pour améliorer le problème des discontinuités spectrales. Le principe repose sur la représentation du vecteur source par une combinaison linéaire pondérée sur l'ensemble des codes-vecteurs sources (au lieu d'un seul code-vecteur source). La pondération est calculée par une fonction d'appartenance floue.

Une autre approche a été proposée par (Stylianou et al., 1995). Elle permet d'estimer une fonction de transformation continue pour la classification des enveloppes spectrales, en utilisant un modèle statistique de type GMM. Les discontinuités dues à la quantification disparaissent et le naturel de la voix transformée est amélioré.

De son coté, (Narendranath et al., 1995), propose un modèle de transformation de la voix en utilisant des réseaux de neurones multicouches ANN. Le schéma consiste à analyser les trois premiers formants, suivi par un apprentissage qui prend en compte la transformation du formant et une estimation du fondamental. Les caractéristiques suprasegmentales (pitch, durée et intensité) sont maintenues, vu que le modèle ANN peut capturer n'importe quel comportement entre l'entrée et la sortie (propriété de généralisation). Les résultats sont satisfaisants, néanmoins certaines caractéristiques de la parole cible ne sont pas prises en compte tel que l'excitation glottique.

Pour tenir compte de l'aspect dynamique de lors de la transformation, (Kim et al., 1997) propose un modèle qui prend en compte les caractéristiques dynamiques de la parole, ce modèle est basée sur le HMVQM *Hidden Markov Vector Quantization Model*, ce dernier permet de remplacer la probabilité de sortie de chaque état par une mesure de distorsion de VQ, en tenant compte de l'espace acoustique source et les paramètres de synthèse de la cible. Deux méthodes ont été proposées pour le modèle HMVQM, l'une repose sur les paramètres du locuteur source pour calculer les probabilités de transition, l'autre est basée sur les paramètres du locuteur cible. En faisant une comparaison entre les deux, la deuxième méthode donne un score de test d'écoute MOS de 3.42, ce score est supérieur à la première qui est de 3.31.

Pour améliorer la technique de VQ, (Arslan, 1999) développe un algorithme de transformation de voix qui utilise un code-book segmental. Le but est d'obtenir un bon alignement entre la source et la cible. En utilisant cet alignement, les caractéristiques acoustiques de la source sont appariés convenablement aux caractéristiques de la cible. L'auteur propose aussi une modification contextuelle de la prosodie.

Dans le contexte des réseaux de neurones à base radiale (RBF) *Radial Basis Function*, l'étude de (Watanabe et al., 2002) a comme objectif de transformer les caractéristiques du conduit vocal d'un locuteur à un autre. L'approche est articulée sur l'estimation de l'enveloppe spectrale. L'avantage ici est la simplicité du modèle, son caractère de généralisation et la rapidité de l'apprentissage. La conversion se fait en deux phases :
 - La première phase traite l'apprentissage sur une base d'exemples (couples de l'enveloppe spectrale de chaque phonème prononcé par la source et la cible)
 - La deuxième phase applique le module RBF sur les paramètres LPC extrait du signal source, en les combinant avec les LPC résiduels. Le F0 moyen est modifié pour s'aligner avec le F0 cible, en utilisant l'algorithme TD-PSOLA (Moulines et Charpentier, 1990).

Dans une extension de l'approche du mélange gaussien, (Duxans et al., 2004) propose d'utiliser des HMM *Hidden Markov Model* pour rendre la conversion plus dynamique et réduire les discontinuités lors de la transformation. On utilise ensuite un arbre de décision pour intégrer des données phonétiques dans le processus de classification. Au cours de la même année, un grand challenge pour la conversion de voix est ouvert dans un contexte de traduction linguistique *Speech-to-Speech translation*. Dans ce contexte, (Sündermann *et al.*, 2004) propose de trouver un remplaçant à l'algorithme de DTW par la mise en correspondance des trames acoustiques indépendamment du contenu linguistique des messages. La technique proposée utilise la notion d'appariement des centroïdes.

Pour tenir compte de l'information phonétique dans les SCV, (Duxans *et al.*, 2004) propose un modèle d'arbre binaire (CART) *Classification And Regression Tree*. Ce modèle permet d'améliorer les techniques qui n'utilisent que l'information spectrale, en y proposant d'ajouter l'information phonétique transcrite sur le signal parole (phone, indice de voyelle/consonne, point d'articulation, etc.). L'idée consiste à décomposer l'espace segmental situé au niveau de la racine en deux sous-espaces assignés aux noeuds descendants, en respectant certains critères phonétiques (l'indice du phone par exemple). Le processus se répète pour chaque noeud descendant jusqu'à atteindre un critère d'arrêt. Ce critère est respecté si le nombre de vecteurs (trames acoustiques) est inférieur à un certain seuil ou si l'erreur de distorsion spectrale souhaitée est atteinte. Enfin, l'estimation de la fonction de conversion à base de GMM s'effectue au niveau de chaque feuille.

Un autre modèle a été proposé pour tenir compte de l'aspect dynamique de l'information (Hsia *et al.*, 2007), ce modèle est appelé GMBM *Gaussian Mixture Bi-gram Model*, il a été introduit pour caractériser l'évolution spectrale et temporelle dans la fonction de conversion. On considère que la fonction de densité de probabilité de la variable aléatoire conjointe (source et cible) suit un modèle de mélange gaussien, tel que chaque partie source ou cible doit tenir compte des informations aux instants t et (t-1). Cette approche a été utilisé pour la conversion de voix expressive, à cet effet les informations spectrales et linguistiques sont prises en compte pour construire la fonction de conversion. Les résultats du test subjectif révèlent que la conversion spectrale est plus précise, ce qui permet d'améliorer l'expressivité pour la parole émotionnelle.

2.2.4 Conversion

Il faut distinguer les paramètres d'apprentissage de la fonction de transformation et le modèle de conversion, dans ce paragraphe on insiste sur la fonction de conversion.

Le premier modèle de conversion de voix est le code-book VQ (Abe, 1991), ici la fonction de conversion est basée seulement sur les code-vecteurs de la cible et les poids de pondération, ce qui génère une discontinuité spectrale sur le signal de parole transformé. Dans le papier de (Valbret *et al.*, 1992), l'approche LMR *Linear Multivariate Regression* opère sur des vecteurs de coefficients cepstraux. Ainsi, pour convertir un vecteur, on le normalise par soustraction du code-vecteur le plus proche, ensuite on multiplie le tout par une matrice de transformation. Pour obtenir le vecteur transformé, on dé-normalise par le même code-vecteur. Cette approche s'approche du code-book VQ, donc on peut s'attendre au même comportemnt au niveau de la discontinuité spectrale. Dans la même référence (Valbret et al., 1992), l'auteur propose une autre approche DFW *Dynamic Freqency Warping*, qui opère sur l'enveloppe spectrale. Dans ce cas, on calcule le log du spectre d'amplitude, on enlève l'effet de la glotte source, puis on applique une fonction de déformation du spectre, ensuite on recombine l'effet de la glotte cible. Cette approche a été investie dans de nombreux de travaux, on peut citer par exemple l'étude faite par (Toda et al., 2001) qui propose de combiner l'approche GMM avec la DFW. D'autres contributions comme (Erro et Moreno, 2007), propose une variante de DFW appelée WFW *Weighted Freqency Warping*, qui consiste à déformer l'enveloppe spectrale en se basant sur les paramètres de classification du GMM.

Une autre approche de conversion qui repose sur des modèles probabilistes est proposé dans (Stylianou et al., 1995). Cette approche consiste à utiliser un modèle de GMM source (GMM qui dépend seulement des paramètres de la source), en estimant les paramètres de la moyenne, de covariance et les poids du mélange. Ensuite les paramètres de la moyenne et covariance de la cible sont estimés par minimisation des moindres carrées au sein de chaque classe du GMM source. Cette approche a résolu le problème de discontinuité spectrale générée par la technique de code-book VQ. Dans une autre variante des GMM (Kain et Macon, 1998), l'auteur propose une fonction de conversion basée sur un modèle de GMM conjoint (GMM qui dépend des paramètres source et cible). On obtient tous les paramètres à la fois, les moyennes (source, cible), les covariances (source, cible) et les poids du mélange, qui seront appliqués directement par la fonction de conversion. Pour corriger le lissage excessif généré par les modèles GMM conjoint et source, (Chen et al., 2003) propose d'éliminer la partie de covariance dans la fonction de conversion, en ne gardant que les vecteurs moyens (source et cible) et les poids du mélange. Il faut noter que les vecteurs moyens de la cible sont estimés à partir des vecteurs moyens de la source par la technique de maximum *a posteriori* (MAP). Dans le même contexte, l'étude faite par (Toda et al., 2005), essayait de trouver une solution au lissage excessif de la conversion par GMM, on identifie cet effet comme étant la cause de la réduction des erreurs dans la conversion spectrale (on se rapproche trop de la voix cible) mais aussi par une dégradation dans la qualité de la voix car beaucoup d'information nécessaire à la génération du signal sont perdues dans cette compression.

Suite à ce constat, on a cherché à maximiser la vraisemblance du modèle de conversion étendu à la forme de cette variance globale. Le modèle de base de la conversion est obtenu par maximisation de la fonction de vraisemblance, sur les séquences optimales (par rapport à la source) de composantes gaussiennes, en utilisant un modèle conjoint.

Dans l'approche EigenVoice (Toda *et al.*, 2006; Ohtani *et al.*, 2007; Tani *et al.*, 2008), la fonction de conversion suit la même structure que celle proposée par (Stylianou *et al.*, 1995; Kain et Macon, 1998), mais au lieu d'introduire les vecteurs moyens de la cible, on adapte ces vecteurs moyens par des poids de pondération appris durant la phase d'apprentissage, pour tenir compte des différents locuteurs cibles. Les auteurs précisent que l'approche est efficace lorsqu'on utilise peu de phrases pour chaque locuteur.

Dans l'étude (Erro et Moreno, 2007), l'auteur propose une nouvelle méthode de conversion d'enveloppe spectrale, en combinant l'approche de GMM avec la déformation fréquentielle pondérée WFW. L'idée de la WFW est de calculer pour chaque composante GMM, une déformation fréquentielle entre les vecteurs cepstraux moyens de la source et ceux de la cible. Ensuite, il applique cette déformation sur les paramètres d'amplitude et de phase afin d'obtenir l'enveloppe spectrale convertie.

La fonction de conversion dans les approches neuronales ANN prend une autre forme (Narendranath *et al.*, 1995; Watanabe *et al.*, 2002; Dri0li, 2001). Le principe de conversion repose sur un système d'entrée-sortie. On applique aux paramètres d'entrée (de type spectraux ou formants) des fonctions de transformation pondérées par des poids synaptiques obtenus durant la phase d'apprentissage. Malgré leurs succès, les approches ANN restent peu exploitées dans les SCV.

Une étude récente présentée par (Alejandro *et al.*, 2009) propose un nouveau modèle de conversion non-gaussien pour combattre le surlissage. L'idée consiste à partitionner l'espace acoustique en utilisant la méthode de *k-histogram* au lieu d'un *k-means*, ensuite transformer les paramètres de source en paramètres de cible en utilisant les fonctions de distribution cummulée (CDF) *Cumulative Distribution Function*. L'auteur précise que les résultats subjectifs obtenus sont révélateurs d'une bonne alternative de transformation de voix par rapport aux approches par GMM. Le soucis qu'on peut relever, c'est que les résultats ne montrent pas l'amélioration du surlissage.

2.2.5 Synthèse de la voix

Parmi les modèles de synthèse de voix les plus connus, on trouve le modèle sinusoïdal (McAulay et Quatieri, 1986). Ce modèle est basée sur une technique d'analyse par synthèse, il est caractérisé par les paramètres d'amplitude, de fréquence et de phase. Ces paramètres sont estimés à partir d'une transformée de Fourrier à court terme, en utilisant un algorithme de détection de pics *Peak Picking*. La résolution spectrale suit un processus de naissance et de mort des sinusoïdes. Ainsi, pour générer la forme de synthèse, la phase doit être interpolée en fonction de la fréquence fondamentale. Cette approche constitue la forme de base des différentes approches contribuant à la transformation de la voix, vue qu'elle offre une grande flexibilité pour manipuler les paramètres du signal.

Une autre approche qui fait référence à beaucoup de travaux de synthèse et de transformation de la parole, il s'agit de l'approche PSOLA *Pitch-Synchronous OverLap-Add* (Mouline et Charpentier, 1990). L'auteur propose différents algorithmes de génération de signal qui améliorent de façon significative la qualité sonore du système de synthèse de parole à partir du texte. Ces algorithmes permettent de modifier les paramètres prosodiques et de concaténer les unités acoustiques, ils sont fondés sur le principe de l'addition-recouvrement synchrone de la fréquence fondamentale. Différentes variantes du PSOLA ont été proposées pour compenser les limites du PSOLA dans la conversion de voix, comme le FD-PSOLA (Frequency Domain PSOLA) et le TD-PSOLA (Time Domain PSOLA). Ces variantes ont été utilisées dans différents travaux (Valbret et al., 1992; Sündermann et al., 2005; Turk et Arslan, 2006). Par exemple dans (Valbret et al., 1992), le synthétiseur allie une décomposition source-filtre avec une modification prosodique du signal d'excitation par application de l'algorithme de modification de la prosodie, TD-PSOLA. Deux approches de transformation spectrale, dérivées de techniques d'adaptation en reconnaissance de la parole, sont comparées : la Régression Linéaire Multiple LMR et l'Alignement Dynamique en Fréquence DFW. L'avantage par rapport au modèle source-filtre, est de permettre des transpositions de Pitch [1] et des modifications à l'échelle temporelle.

Les modèles harmoniques sont considérés comme des cas particuliers du modèle sinusoïdal, le plus connu est le modèle harmonique plus bruit (HNM) *Harmonic plus Noise Model* (Stylianoun, 1996). Ce modèle est basé sur une décomposition du signal

---
[1]. Le terme de pitch désigne la hauteur de voix perçue et est en théorie à distinguer de la fréquence fondamentale qui correspond à la fréquence de vibration des cordes vocales.

parole en deux composantes, l'une pour la partie harmonique et l'autre pour le bruit. Le modèle HNM a été appliqué avec succés dans les SCV. Une autre variante du modèle HNM a été proposée dans (Kain, 2001), l'idée était basée sur l'amélioration de la prédiction résiduelle par une technique dite de haute résolution.

Ces dernières années, un modèle qui succite l'intérêt de plusieurs chercheurs, il s'agit du modèle STRAIGHT *Speech Transformation and Représentation using Adaptive Interpolation of weiGHTed spectrum*(Kawahara, 1997). Dans ce modèle, on fait une analyse spectrale adaptée au pitch et combinée avec une méthode de reconstruction de surface dans la région temps-fréquence. Ce modèle permet de manipuler les paramètres du pitch et la durée sans perdre toutefois la qualité du signal parole. Parmi les travaux qui ont utilisé ce modèle, on peut trouver (Toda *et al.*, 2001, 2005; Ohtani *et al.*, 2007).

D'autres approches prometteuses ont été développé pour la génération et transformation du signal parole, par exemple dans (Vincent *et al.*, 2007), l'idée est basée sur une combinaison des modèles de la source glottale et du conduit vocal.

2.2.6 Évaluation de la conversion de voix

Les SCV peuvent être évalués suivant deux aspects différents : le degré de changement de la personnalité de la voix convertie et la qualité sonore finale. Chaque aspect peut être évalué par des tests objectifs et des tests de perception (Duxans, 2006). Habituellement, les tests objectifs sont des mesures de distance entre les caractéristiques de la cible et de la transformée, tandis que les tests de perception sont basés sur l'évaluation auditive pour mesurer la qualité de la voix.

2.2.6.1 Évaluation objective

Différents tests ont été proposés dans la littérature, on peut noter :

Distances des paramètres du conduit vocal

Dans ce type de mesure, trois formes de distance sont évaluées : la distance source-cible, la distance transformée-cible et la distance source-transformée (Duxans, 2006). La mesure de distance est définit comme suit : $D(x,y) = \frac{1}{N}\sum_{n=0}^{N-1} IHMD(x_n, y_n)$, tel que N est le nombre de vecteurs de paramètres, $IHMD$ représente la distance moyenne harmonique inverse (*Inverse Harmonic Mean Distance*) (Laroia *et al.*, 1991), dont l'expression est : $IHMD(x,y) = \sqrt{\sum_{p=0}^{P-1} c(p)(x(p) - y(p))^2}$, tel que le poids $c(p)$ représente $argmax\{c_x(p), c_y(p)\}$, sachant que :

$c_x(p) = \frac{1}{x(p)-x(p-1)} + \frac{1}{x(p+1)-x(p)}$, $c_y(p) = \frac{1}{y(p)-y(p-1)} + \frac{1}{y(p+1)-y(p)}$

D'après (Duxans, 2006) la fonction IHMD introduit une information perceptuelle dans la distance, puisque le décalage entre les pics spectraux est mieux pondéré que le décalage entre les vallées.

Indice de performance

L'indice de performance (P) de la conversion de voix se mesure comme suit : $P = 1 - \frac{IHMD(\hat{Y},Y)}{IHMD(X,Y)}$, $\hat{Y}$ représente la transformée. D'après (Duxans, 2006), cette mesure est utile pour la comparaison entre différents conversions pour différents locuteurs, grâce à la normalisation par la distance source-cible.

Erreur de distorsion normalisée

Cette mesure est très utilisée dans le domaine de la parole, elle repose sur la distorsion spectrale entre deux signaux de parole. En conversion de voix, elle permet de mesurer le rapprochement entre la voix transformée et la voix cible. Cette mesure a été définie par (Abe et al., 1988) comme suit : $R = SD(transforme, cible)/SD(source, cible)$, tel que SD (*Spectral Distortion*) est la distance spectrale entre deux signaux de parole. Il faut noter que quelques mesures similaires ont été proposées par (Abe, 1991; Arslan, 1999). (Stylianou et al., 1995) a utilisé cette mesure pour démontrer que le modèle VQ à 512 codevecteurs, donne une distorsion de 17% supérieure à son modèle de transformation à base de GMM à 64 composantes.

Mesure de log-vraisemblance

Un autre type d'évaluation consiste à utiliser la parole transformée en entrée d'un système de reconnaissance du locuteur, ensuite de déterminer la probabilité d'identification du locuteur cible. Cette mesure a été introduite par (Arslan, 1999) pour calculer le ratio de log-vraisemblance entre la cible et la transformée.

2.2.6.2 Évaluation subjective

Parmi les tests subjectifs proposés dans la littérature, on peut noter :

Test ABX

Ce test permet d'évaluer l'identité de la voix, il est très utile car son utilisation est très étendue. Ainsi avec les informations contenues dans le test, il permet à l'auditeur de bien évaluer le SCV. Dans ce test, trois voix sont présentées à l'auditeur : voix A la source, voix B la cible et voix X la transformée. L'auditeur doit noter l'identité de la voix X comme il est montré dans le tableau .

Différents travaux ont utilisé le test ABX tel que précisé dans (Abe et al., 1988; Arslan, 1999; Stylianou et al., 1998; Kain et Macon, 1998). D'après (Kain, 2001), quoique le test ABX est largement utilisé, il ne peut pas déterminer si la voix transformée est

Note	1	2	3	4	5
Observation	X est le locuteur A	X est similaire au locuteur A	X n'est ni A ni B	x est similaire à B	X est le locuteur B

TABLE 2.1 – Evaluation subjective basée sur le test ABX.

indiscernable de la voix cible. Une version étendue du test ABX, consiste à introduire des tests de similarité.

Test de MOS (*Mean Opinion Score*)

Le test de MOS est largement utilisé pour mesurer la qualité de la voix. Dans ce test (Union, 1996), on demande à l'auditeur de noter la qualité du signal de parole comme suit : (1) mauvaise, (2) médiocre, (3) moyenne, (4) bonne et (5) excellente. Le score de MOS représente la moyenne arithmétique de tous les scores individuels marqués sur le signal de parole de test. Différents travaux dans la conversion de voix ont utilisé ce test, à titre d'exemple (Duxans, 2006; Toda, 2003). En particulier, dans (Kain et Macon, 1998), l'auteur a utilisé ce test pour mesurer le naturel du signal de parole transformé.

2.3 Alignement parallèle et non-parallèle

Un SCV a besoin de données enregistrées par les locuteurs source et cible, pour apprendre la fonction de transformation. Lorsqu'on dispose de données parallèles, c'est-à-dire de phrases prononcées à la fois par le locuteur source et le locuteur cible, on peut recourir à la technique d'alignement par DTW (Abe *et al.*, 1988; Stylianou *et al.*, 1998; Kain et Macon, 2001) et aussi à la technique des HMM dépendant du locuteur (Duxans et Al., 2006).

Cependant dans beaucoup d'applications réalistes du SCV, les locuteurs source et cible ne prononcent pas de phrases identiques permettant de définir des données parallèles d'apprentissage. Différentes solutions ont été envisagées pour exploiter les données d'apprentissage non-parallèles, on peut citer par exemple :

2.3.1 Mapping de classes

Dans cette approche (Sündermann *et al.*, 2004), les vecteurs acoustiques source et cible sont classés séparément dans des clusters. Un premier appariement est fait entre les classes acoustiques source et cible. Ensuite, les vecteurs à l'intérieur de chaque classe sont normalisés. Enfin, l'alignement entre le vecteur source et son correspondant cible se fait par l'algorithme des plus proches voisins. Dans cette approche, le test objectif basé sur le calcul de distorsion montre une dégradation relative par rapport aux méthodes d'alignement parallèles de l'ordre de 14% (conversion homme-femme) et de 23% (conversion femme-homme).

2.3.2 Technique de sélection d'unités

Cette technique (Duxans et Al., 2006), ne peut être utilisée que lorsqu'on dispose de gros corpus de données sur la source. Dans ce cas, un système TTS *Text To Speech* est utilisé pour générer avec la voix source les mêmes phrases qui ont été enregistrées par le locuteur cible. On obtient donc un corpus pseudo parallèle à partir des enregistrements non parallèles.

2.3.3 Technique basée sur la reconnaissance de la parole

Dans l'étude (Ye et Young, 2004), La procédure consiste à étiqueter toutes les trames source et cible en utilisant un HMM indépendant du locuteur. En disposant d'une séquence d'états d'un locuteur, on essaye de trouver la plus longue sous-séquence qui correspond avec l'autre locuteur, on s'arrête lorsque toutes les trames sont appariées. L'avantage de cette approche, c'est qu'elle permet d'aligner les espaces acoustiques source et cible sans avoir des données sources au préalable. Néanmoins, l'auteur relève quelques artefacts liés aux erreurs de classification phonétiques générées par le module de reconnaissance de la parole.

2.3.4 Programmation dynamique

Dans l'approche (Sündermann *et al.*, 2006), on doit disposer d'un corpus non-parallèle (source, cible), pour un ensemble de vecteurs source $\{s_k\}$, la technique consiste à trouver la séquence de N vecteurs cibles $\{t_k\}$ qui minimisent la fonction de coût C suivante :

$$C(t_k) = \alpha \sum_{k=1}^{N} d(s_k, t_k) + (1 - \alpha) \sum_{k=2}^{N} d(t_k, t_{k-1}),$$

d : est la distance acoustique entre deux vecteurs.
α : paramètre d'ajustement.
Cette technique est gourmande en temps de calculs. De plus, certains vecteurs importants de la cible ne sont pas pris en compte car ils ne font pas partie de la séquence $\{t_k\}$.

2.3.5 Alignement itératif

Dans le contexte de conversion de voix appliquée à la traduction de langues, l'étude de (Erro et Moreno, 2007) a comme objectif d'obtenir un alignement de vecteurs de trames non-parallèles. L'alignement consiste à apprendre une fonction de transformation F à base de GMM. En appliquant la fonction F sur l'ensemble de vecteurs sources $s_k, k = 1..N$, on obtient un ensemble de vecteurs transformés $s'_k, k = 1..N$. Ensuite, on calcule pour chaque vecteur s'_k son plus proche voisin dans l'ensemble des vecteurs cibles $t_j, j = 1..M$, on note $p(k)$ l'indice qui aligne s'_k à son plus proche voisin. De la même manière on construit l'indice $q(j)$, qui doit aligner le vecteur cible t_j à son plus proche voisin dans l'ensemble des vecteurs $s'_k, k = 1..N$. On obtient donc une base de vecteurs alignés sous la forme $s_k, t_{p(k)}, k = 1..N$ et $s_{q(j)}, t_j, j = 1..M$. Dans un processus itératif, on apprend de nouveau la fonction de transformation F sur la nouvelle base alignée. Le processus s'arrête lorsqu'on atteint un seuil de convergence. Dans cette approche, l'auteur précise que la performance obtenue n'est pas très loin des approches parallèles.

2.4 Apprentissage avec peu de données

Dans beaucoup d'applications de conversion de voix, les données recueillies sur les voix de locuteurs constituent une étape critique pour les SCV. Lorsque les données sont insuffisantes ou ne couvrent pas totalement l'espace phonétique, on risque d'avoir des difficultés dans la chaîne de transformation, y compris la phase d'apprentissage et par conséquence une qualité de voix convertie moins bonne. Classiquement, ce sont les données cibles qui manquent. La littérature présente différentes approches, comme l'adaptation aux locuteurs avec MLLR *Maximum Likelihood Linear Regression* et la technique du MAP *Maximum A Posteriori*, ainsi que d'autres approches contribuant à la transformation de voix, lorsqu'on ne dispose que peu de données sur la cible. On essai de donner un aperçu global sur ces différentes techniques et d'en tirer quelques nuances afin de proposer des solutions adéquates.

2.4.1 Adaptation par MLLR

Dans la technique d'adaptation MLLR (Mouchtaris *et al.*, 2004), l'auteur propose une solution de transformation entre un locuteur source et un locuteur cible, en se basant sur des corpus parallèles. Sa méthodologie consiste à :

1. Disposer de données parallèles entre deux locuteurs (A et B, différents des locuteurs source et cible) et estimer les paramètres GMM de la conversion entre A et

B.

2. Adapter par la technique du MLLR le locuteur modèle GMM de A au locuteur source et le modèle du locuteur B au locuteur cible.

3. Appliquer la transformation sur les données du locuteur source, en utilisant les paramètres d'adaptation du MLLR.

Cette technique est considérée parmi les solutions envisageables lorsque peu de données cibles sont disponibles. Néanmoins, le SCV généré reste moins performant par rapport à un SCV classique appris sur des données parallèles (Erro et Moreno, 2007).

2.4.2 Adaptation à base de maximum *a posteriori*

L'étude développée dans (Lee et Wu, 2006) a pour but d'évaluer la conversion de voix en se basant sur la technique d'adaptation du MAP. La démarche est la suivante :

1. Apprendre la fonction de conversion sur un corpus parallèle (source, cible).

2. Utiliser un corpus non-parallèle d'un nouveau locuteur cible.

3. Appliquer l'adaptation du MAP entre la cible et le nouveau locuteur cible, pour estimer les paramètres de conversion entre le locuteur source et le nouveau locuteur cible.

Les résultats expérimentaux montrent que l'adaptation de MAP, en utilisant un corpus non-parallèle avec peu de données, peut réduire l'erreur de conversion et améliore la qualité du signal parole, en se comparant aux méthodes sans adaptation. Cette technique utilise une adaptation par sélection de données et permet d'éliminer les données aberrantes qui présentent des propriétés inconsistantes dans le corpus d'apprentissage. L'étude a été faite sur un corpus d'adaptation valant de 20, 15, 10, 5 phrases en s'appuyant sur un corpus parallèle de référence contenant 100, 40 et 20 phrases. Les résultats obtenus révèlent que lorsqu'on fait diminuer le nombre de phrases non-parallèles d'adaptation, le test objectif avec une distorsion spectrale s'améliore. En plus, lorsqu'on réduit le nombre de phrases du corpus parallèle de référence, les résultats s'améliorent encore mieux. On peut dire qu'il y a une forte relation entre le volume de données d'adaptation et le volume de données parallèles de référence, et cette relation a une influence directe sur les erreurs de conversion.

2.4.3 Adaptation à base d'interpolation multi-locuteurs

Dans cette approche (Iwahashi et Sagisaka, 1995b), l'auteur décrit une méthode de transformation du locuteurs par la technique d'interpolation La démarche consiste à déterminer les coefficients d'interpolation optimales minimisant la distance entre le spectre de la cible et le spectre généré par l'interpolation. Le résultat obtenu sur un seul mot pour le locuteur cible, donne une distorsion spectrale de l'ordre de 65%. Une autre approche est citée dans la même référence, consiste à proposer un réseau de neurones de type RBF, qui permet d'avoir un appariement plus précis. En utilisant dix mots pour la phase d'apprentissage, le test objectif obtenu était de l'ordre de 58% pour un neurone caché et 52% pour deux neurones cachés. Le nombre de neurones cachés peut être fixé en fonction du volume de données d'apprentissage. L'intérêt dans cette méthode d'interpolation réside dans le fait qu'elle reste exploitable même lorsque le nombre de données disponibles pour l'apprentissage de la transformation est limité.

2.4.4 Influence de la variabilité spectrale sur la distorsion

Dans le contexte de données indépendantes du texte, l'étude de (Ye et Young, 2004) a pour but d'étudier l'influence du nombre de trames dans la base d'apprentissage source sur la qualité de la voix. L'expérience consiste à convertir des phrases du source pour des durées variant de 2 à 20 secondes. Les résultats montrent que pour un nombre de trames variant de 250 à 600, le test objectif mesuré sur la distorsion spectrale est de bonne qualité. Cependant, lorsque le nombre de trames dépasse 600, la distorsion augmente et son comportement ne semble pas corrélé avec le volume de données d'apprentissage. Cela, est expliqué par le fait que lorsqu'on augmente le volume de données d'apprentissage, la variabilité spectrale diminue et par conséquence la distorsion augmente.

2.4.5 Approche par sélection d'unités

Dans cette approche (Duxans et Al., 2006), l'étude a relevé certaines contraintes liées à la technique de sélection d'unités, utilisée dans les systèmes de synthèse de voix. Par défaut, ce dernier fonctionne sur la base de diphones [3] ou de triphones, dans ce cas, la réduction de volume de données implique directement la perte de certaines unités et fait apparaître certains artefacts sur le signal parole durant le processus de concaténation.

2.4.6 Modèle intra-trame sur peu de données

Dans le travail de (Helander *et al.*, 2008), l'auteur a relevé que les GMM, en général, peuvent modéliser n'importe quelle relation entre deux espaces, si on considère que le volume de données d'apprentissage est important. Néanmoins, avec peu de données

---

[3]. Un diphone est une unité acoustique qui commence au milieu de la zone stable d'un phonème et se termine au milieu de la zone stable du phonème suivant

d'apprentissage, les résultats de conversion s'avèrent moins bons, due à l'effet du surapprentissage et à la prise en compte de la matrice de covariance complète. Dans beaucoup d'applications, les paramètres MFCC sont adéquats pour des calculs où la matrice de covariance est diagonale, mais les paramètres LSF n'ont pas cette propriétés et sont plutôt efficace avec des matrices de covariance complète. Sous l'hypothèse de peu de données d'apprentissage, la covariance complète prise sur tous les paramètres LSF n'est pas la bonne solution, d'où l'idée d'utiliser les propriétés de corrélation intra-trame pour former des sous-espaces extraits de l'espace total source-cible, en ne gardant que les paramètres en forte corrélation. L'expérimentation est réalisée sur des bases d'apprentissage contenant 2, 3, 5, 10 et 20 phrases et les résultats du test d'écoute démontrent l'utilité de cette approche lorsqu'on n'a pas assez de données.

2.4.7 Modèle à base de formant

L'étude menée dans (Kain *et al.*, 2007) a pour objectif d'améliorer les voix pathologiques qui résultent de maladies dégénératives, touchant généralement une ou plusieurs parties responsables de la production de la parole : respiration, phonation, résonance, articulation et prosodie. Le désordre du mouvement est due au défection neuromusculaire de la voix, qui peut affecter la vitesse, la force, l'ordre, la durée et la précision. Par conséquence, la voix peut contenir des articulations irrégulières, des consonnes imprécises et des voyelles distordues. Dans de telles situations, le peu de données d'apprentissage sur le locuteur est très fréquent, et la solution préférable est de choisir peu de paramètres d'apprentissage. Pour cette raison la méthode proposée est basée sur l'approche de synthèse à base de formant. L'idée consiste à développer une fonction de transformation entre les paramètres de la voix pathologique et la voix normale, dont le but est d'améliorer l'intelligibilité des voyelles, en se basant sur les fréquences des trois premiers formants et la durée des voyelles. Afin d'évaluer cette approche, un ensemble de test d'écoute est effectué sur une base de syllabes, montrant une amélioration de l'intelligibilité des voyelles, qui est passé de 48% à 54%.

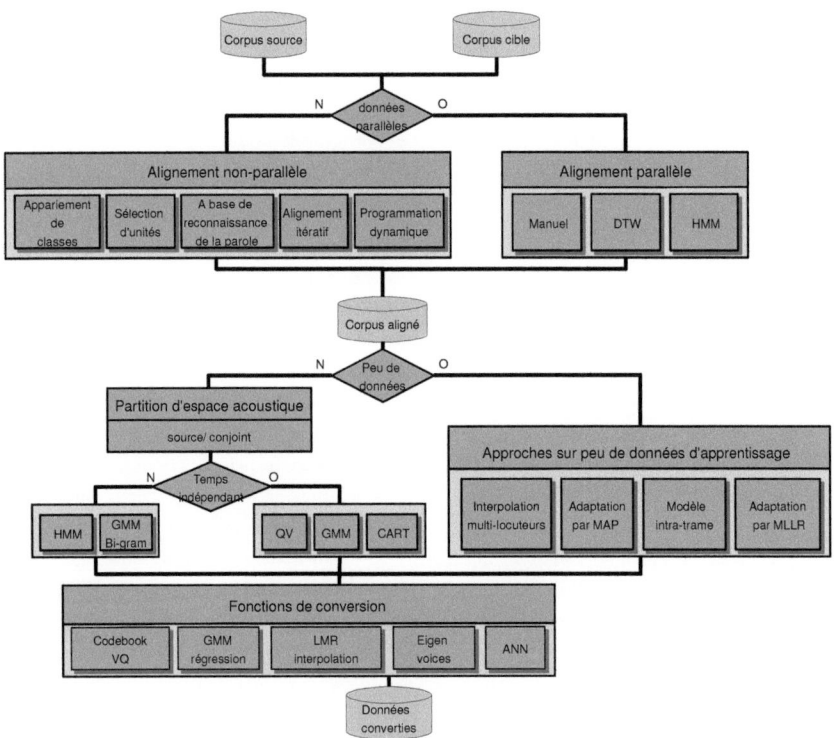

FIGURE 2.3 – Les différentes approches appliquées à la transformation de la voix.

Chapitre 3

Transformation linéaire basée sur le modèle GMM

3.1 Introduction

Comme nous l'avons décrit au cours des chapitres précédents, le but d'un système de conversion de voix est de modifier les caractéristiques du signal sonore d'un locuteur source vers les caractéristiques d'un locuteur cible. Les paramètres du locuteur source doivent être identifiés par le système et être remplacés par ceux du locuteur cible, sans pour autant perdre l'information ou modifier le contenu de la phrase.

Les SCV suivent en général une même démarche (voir figure 2.1 du chapitre 2) : à chaque phrase prononcée par le locuteur source, on doit appliquer une fonction de transformation. Cette dernière doit être apprise au préalable sur des données enregistrées par les locuteurs source et cible. L'apprentissage de la fonction de transformation s'effectue à partir d'une séquence de vecteurs de paramètres. Une fois les vecteurs paramétriques source et cible obtenus, on procède à leur alignement. Deux cas peuvent survenir : si les locuteurs source et cible prononcent les mêmes phrases, on utilise l'algorithme classique de DTW (Dynamic Time Warping)(Sakoe et Chiba, 1978). Dans le cas contraire, c'est-à-dire quand les deux locuteurs ne prononcent pas les mêmes phrases, on a recours à des techniques de mise en correspondance non parallèles.

Une fois que les données sont alignées, la modélisation de l'espace acoustique se fait le plus souvent de manière statistique. A titre d'exemple, dans la section 2.2.3 on a noté la technique du code-book (Abe *et al.*, 1988), le modèle de mélange de lois normales (GMM) *Gaussian Mixture Model* (Stylianou *et al.*, 1998) (Kain et Macon, 1998), d'un modèle de Markov caché (HMM) *Hidden Markov Model* (Duxans *et al.*, 2004), d'un réseau de neurones (ANN) *Artificial Neural Network* (Narendranath et al., 1995), ou d'un modèle basé sur les histogrammes (Uriz et al., 2009).

Parmi ces modèles statistiques, le modèle GMM a de nombreux avantages, il est notamment simple à mettre en œuvre, et efficace dans la qualité de la transformation. Il permet de développer une fonction de conversion souple et continue par morceaux, évitant ainsi les discontinuités spectrales qui affectent la qualité du signal de parole comme c'est le cas du code-book. Cependant, malgré ces avantages, le GMM présente quelques limites, on peut noter :

1. Les phrases converties sont excessivement lissées (*oversmoothing*), ce phénomène a été noté par (Toda et al., 2005; Toda et Tokuda, 2007; Ye et S., 2006). Comme il est montré dans la figure 3.1, nous pouvons observer que le spectre converti est excessivement lissé en comparaison avec le spectre de la cible. Ce sur-lissage permet sans doute de réduire l'erreur de conversion spectrale. Cependant, il dégrade la qualité du signal de parole converti, parce que les structures enlevées sont toujours nécessaires à la synthèse de haute qualité. Les mêmes remarques sur ce phénomène de lissage excessif ont été notées par (Chen et al., 2003).

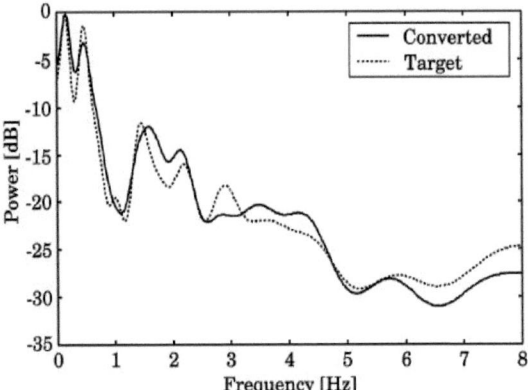

FIGURE 3.1 – Représentation du lissage excessif sur le spectre de la transformée (converti) d'après le papier de (Toda et Tokuda, 2007).

2. Présence de quelques dissimiarités entre les trajectoires spectrales cible et transformée par GMM(Toda et Tokuda, 2007). La figure 3.2 montre une comparaison entre ces deux trajectoires. Bien que les deux trajectoires soient similaires, ils ont

quelques passages locaux différents. Cette différence est souvent observée. Elle s'explique par le fait que la corrélation des vecteurs acoustiques inter-trames est ignorée dans les approches conventionnelles (Stylianou et al., 1998; Kain et Macon, 1998).

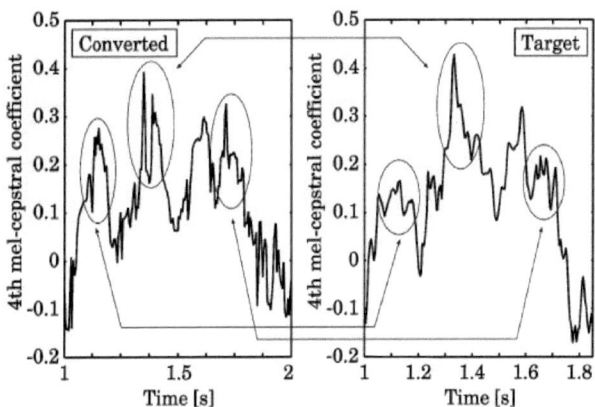

FIGURE 3.2 – Comparaison des trajectoires des paramètres spectrales de la cible et de la transformée par GMM, d'après le papier de (Toda et Tokuda, 2007).

3. Les techniques d'apprentissage des fonctions de conversion subissent fréquemment un phénomène de sur-apprentissage, dû au nombre important de degrés de liberté des fonctions de transformation.
4. Les données recueillies sur les voix de locuteurs constituent une étape nécessaire pour les SCV. Lorsque les données sont insuffisantes ou ne couvrent pas totalement l'espace acoustique, on risque une mauvaise généralisation et par conséquent une qualité de voix convertie moins bonne.

Pour répondre à ces limites, nous essayons de proposer des solutions. La première porte sur l'étude du sur-apprentissage dans les transformations linéaires à base de GMM. Le sur-apprentissage apparaît lorsque le système appris généralise mal la prédiction de nouvelles données. Les transformations linéaires se définissent par un ensemble de paramètres qu'il faut apprendre sur un ensemble fini de données d'apprentissage. Les relations entre les paramètres de la voix source et ceux de la voix cibles sont établies par une ensemble de systèmes d'équations linéaires où les inconnues sont les paramètres de la cible. La qualité de la transformation est conditionnée par le bon dimensionnement de l'ensemble de paramètres par rapport au volume de l'ensemble d'apprentissage.

Une seconde solution a pour objectif de fixer le volume minimal des données d'apprentissage suffisant pour une bonne qualité de transformation. Ceci peut s'expliquer d'une autre manière. Dans plusieurs applications réalistes, on se trouve dans des situations où peu de données sur le locuteur cible sont présentes. Dans ce cas on doit choisir les meilleurs critères pour assurer une bonne transformation (seuil de volume de données d'apprentissage nécessaires à la transformation, modèle de transformation linéaire optimale et qualité de transformation visée).

Ce chapitre est organisé comme suit. Dans la section 3.2 la technique de conversion à base de GMM est détaillée avec les différentes approches existantes. La section 3.3 décrit la problématique et propose un nouveau modèle de la fonction de conversion. Ensuite la section 3.4 décrit la méthodologie expérimentale et une discussion des résultats obtenus, en évoquant le problème de sur-apprentissage et l'effet de réduction des données d'apprentissage.

3.2 Conversion de voix par GMM

Nous considérons par la suite qu'une base de données comprend deux séquences de vecteurs acoustiques de dimension q, l'une correspond à la voix source $X = [x_1, \ldots, x_N]'$ et l'autre à la voix cible $Y = [y_1, \ldots, y_N]'$. L'objectif de la conversion est de définir une fonction $\mathcal{F}(.)$ telle que, $\forall n \in [1, \ldots, N]$, $\mathcal{F}(x_n)$ soit proche de y_n (voir figure 3.3).

Tous les systèmes de transformation effectuent au préalable un partitionnement des espaces acoustiques (voir figure 3.4). Ce partitionnement est dans la majorité des cas conjoint source-cible par le biais d'une fonction d'alignement de type DTW.

Ensuite, une transformation linéaire est apprise sur chaque classe appariée. Un modèle de mélange gaussien, GMM, est un classifieur largement utilisé pour modéliser l'espace acoustique d'un locuteur. Il permet de quantifier la probabilité d'appartenance d'un vecteur à une classe sous la forme d'une somme pondérée de probabilités d'appartenance à des composantes gaussiennes (Stylianou *et al.*, 1998).

3.2.1 Définition du modèle GMM

Un GMM est un modèle statistique qui peut approcher une densité de probabilité quelconque d'une collection de vecteurs indépendants.

La distribution de probabilité d'un vecteur x_n pour un modèle GMM à M com-

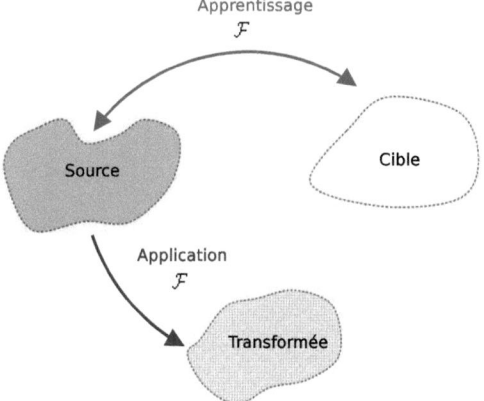

FIGURE 3.3 – Apprentissage de la fonction de transformation de l'espace acoustique source vers la cible.

posantes, peut s'écrire sous la forme :

$$P(x_n, \theta) = \sum_{m=1}^{M} \alpha_m \mathcal{N}(x_n, \theta_m)$$

avec $\sum_{m=1}^{M} \alpha_m = 1, \quad \forall n \in [1, \ldots, N], \alpha_m \geq 0$, où $\mathcal{N}(., \mu_m, \Sigma_m)$ représente une distribution normale avec les paramètres $\theta_m = (\mu_m, \Sigma_m)$ qui sont respectivement, μ_m, le vecteur moyenne et, Σ_m, la matrice de covariance. Les coefficients α_m représentent la probabilité *a priori* d'appartenir à la classe m. La composante gaussienne $\mathcal{N}$ peut s'écrire :

$$\mathcal{N}(x_n, \theta_m) = \frac{1}{(2\pi)^{q/2}} \Sigma_m^{-1/2} \exp^{-\frac{1}{2}(x_n - \mu_m)^T \Sigma_m^{-1}(x_n - \mu_m)}$$

La représentation paramétrique du modèle GMM est définie par $\theta = \{\alpha_m, \mu_m, \Sigma_m\}, 1 \leq m \leq M$, $\alpha_m, \mu_m, \Sigma_m$ correspondent respectivement aux poids, moyenne et covariance de la m^{me} composante gaussienne.

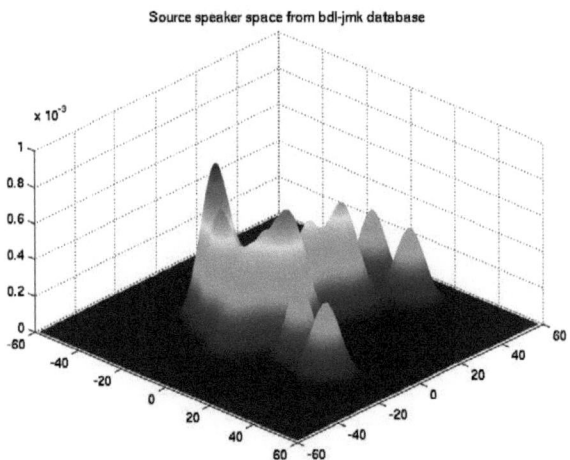

FIGURE 3.4 – Exemple d'un partitionnement de l'espace acoustique de locuteur par un GMM à 16 composantes Gaussienes. La projection de l'espace acoustique est faite avec une analyse en deux composantes principales

3.2.2 Estimation des paramètres du GMM

Le calcul des paramètres du GMM repose sur une estimation de paramètres au sens du maximum de vraisemblance. Le but est d'estimer les paramètres qui maximisent la probabilité d'observation de données de l'ensemble d'apprentissage. Étant donnée un ensemble de vecteurs de dimension p.la fonction de vraisemblance du modèle θ est définie par : $P(X,\theta) = \Pi_{n=1}^{N} P(x_n,\theta)$ La log vraisemblance donne : $L(\theta/X) = log(P(X,\theta)) = \sum_{n=1}^{N} log(P(x_n,\theta))$

Le modèle optimal θ^* correspond au maximum de vraisemblance :

$\theta^* = argmax_\theta L(\theta/X)$

Les paramètres du modèle optimal sont estimés en utilisant un algorithme de type EM (*Expectation-Maximisation*)(Dempster *et al.*, 1977b). Le modèle obtenu concerne soit uniquement la source (section 3.2.4.1) ou de manière conjointe la source et la cible (section 3.2.4.2).

3.2.3 Algorithme EM

EM (Dempster *et al.*, 1977b) est un algorithme itératif qui consiste à augmenter la vraisemblance du modèle statistique à chaque itération par maximisation successive d'une fonction auxiliaire. Cet algorithme est appliqué généralement lorsque les données sont manquantes ou incomplètes.

En conversion de voix, on considère l'ensemble des données incomplètes X qui peut être complété par l'ensemble des classes acoustiques W correspondant aux différentes observations (Duxans, 2006). Ainsi avec l'ensemble des données complètes $V = (X, W)$, la fonction de vraisemblance peut se formuler comme suit :

$L(\theta/V) = L(\theta/X, W) = log(p(X,\theta))$ L'idée de base de l'algorithme EM est d'estimer un nouveau modèle $\hat{\theta}$ à partir d'un modèle initial θ, tel que $L(\hat{\theta}) \geq L(\theta)$.

Le processus se répète jusqu'à ce qu'on atteigne un seuil de convergence.

L'algorithme suivant est décrit par (Stylianoun, 1996) :

Initialisation : Initialise les paramètres du modèle initial θ^0

Étape d'estimation : pour estimer le probabilités *a posteriori* de chaque classe acoustique cachée, en utilisant les paramètres du modèle courant θ^t :

$$P(w_m/x_n,\theta_m^t) = \frac{\alpha_m \mathcal{N}(x_n,\mu_m,\Sigma_m)}{\sum_{i=1}^{M} \alpha_i \mathcal{N}(x_n,\mu_i,\Sigma_i)}$$

pour toutes les classes $w_m, m = 1..M$.

Étape de maximisation : En utilisant les probabilités *a posteriori*, on estime le nouveau modèle θ^{t+1}, en suivant :

$$\alpha_m^{t+1} = \frac{1}{N} \sum_{n=1}^{N} P(w_m/x_n, \theta_m^t)$$

$$\mu_m^{t+1} = \frac{\sum_{n=1}^{N} P(w_m/x_n, \theta_m^t) x_n}{\sum_{n=1}^{N} P(w_m/x_n, \theta_m^t)}$$

$$\Sigma_m^{t+1} = \frac{\sum_{n=1}^{N} P(w_m/x_n, \theta_m^t)(x_n - \mu_m^{t+1})(x_n - \mu_m^{t+1})^T}{\sum_{n=1}^{N} P(w_m/x_n, \theta_m^t)}$$

Les opérations d'estimation et de maximisation sont répétées jusqu'à ce qu'un seuil de vraisemblance soit atteint.

3.2.4 Modèles de fonctions de transformation

Une fois le partitionnement effectué, la fonction de conversion (voir figure3.3) source-cible s'écrit comme une régression linéaire de format analogue à la distribution conditionnelle de y_n par rapport à x_n (régresseur de type bayésien). Pour présenter de manière unifier les différentes approches que nous avons évalués, on généralise cette transformation linéaire par morceaux avec un ensemble de paramètres B_m, A_m. B_m est de forme vectorielle, A_m de forme matricielle.

$$\mathcal{F}(x_i) = \sum_{m=1}^{M} P_m(x_n)[B_m + A_m(x_n - \mu_m)] \tag{3.1}$$

avec $P_m(x_i) = \alpha_m \mathcal{N}(x_n, \mu_m, \sigma_m)/P(x_n)$.

Nous présentons dans les sections suivantes quatre solutions basées sur le modèle GMM.

3.2.4.1 Conversion avec un GMM source

On estime ici uniquement un modèle GMM sur la voix source, X. La fonction de transformation associe ensuite un jeu de paramètres pour réaliser une régression linéaire source-cible. (Stylianou *et al.*, 1998) propose :

$$\mathcal{F}(x_n) = \sum_{m=1}^{M} P_m(x_n)[\nu_m + \Gamma_m \Sigma_m^{-1}(x_n - \mu_m)]$$

Les paramètres ν et Γ sont estimés au sens des moindres carrées. La matrice de covariance du GMM peut être complète ou simplement diagonale. Dans la suite de ce mémoire, nous désignerons ces techniques par *source-full* et *source-diag*, respectivement. Une matrice diagonale devrait présenter un risque de sur-apprentissage inférieur à la version non diagonale.

3.2.4.2 Conversion avec un GMM conjoint

Dans (Kain et Macon, 1998), l'auteur propose de modéliser conjointement cible et source par un GMM (là où (Stylianou *et al.*, 1998) ne proposait qu'un modèle de source). D'un point de vue théorique, (En-Najjari, 2005) note que les deux modèles source ou conjoint mènent au même estimateur, sauf que le fait d'éviter la minimisation des moindres carrées rend le modèle conjoint plus stable numériquement. Ainsi, $\forall n \in [1,\ldots, N]$ on construit un vecteur $z_n = [x_n, y_n]$ puis on estime les paramètres GMM qui modélisent la densité de probabilité suivante :

$$P(z_n) = P(x_n, y_n) = \sum_{m=1}^{M} \alpha_m \mathcal{N}(z_n, \mu_m, \sigma_m) \qquad (3.2)$$

$$\Sigma_m = \begin{bmatrix} \Sigma_{(m,XX)} & (\Sigma_{(m,XY)})' \\ \Sigma_{(m,XY)} & \Sigma_{(m,YY)} \end{bmatrix} \quad \mu_m = \begin{bmatrix} \mu_{(m,X)} \\ \mu_{(m,Y)} \end{bmatrix}$$

La fonction de conversion s'écrit :

$$\mathcal{F}(x_n) = \sum_{m=1}^{M} P_m(x_n)[\mu_{(m,Y)} + \Sigma_{(m,YX)} \Sigma_{(m,XX)}^{-1} (x_n - \mu_{(m,X)})] \qquad (3.3)$$

Dans la suite de ce mémoire, nous désignerons cette approche par *joint-full*.

3.2.4.3 Conversion avec Maximum *a Posteriori* (MAP)

Dans le papier de (Chen *et al.*, 2003), l'auteur note que les solutions proposées par les moindres carrées (Stylianou *et al.*, 1998) et par modèle conjoint (Kain et Macon, 1998) conduisent à des performances équivalentes. L'auteur a observé dans le terme $\Sigma_{(m,YX)} \Sigma_{(m,XX)}^{-1}$ de l'équation 3.3 que les valeurs sont faibles : plus de 90% des éléments sont inférieurs à 0.1 et plus de 40% sont inférieurs à 0.01. Ces valeurs faibles révèlent que la corrélation entre les locuteurs source et cible est peu importante. En conséquent, le vecteur transformé s'écarte peu du vecteur centroïde B_m de l'équation 3.1, pour finalement se rapprocher des résultats proches des techniques de type correspondance de *codebook*, présentant ainsi un risque de surlissage *oversmoothing*.

Sous cette hypothèse, l'auteur propose de contraindre le terme A_m de l'équation 3.1 à une matrice identité, mais en adaptant le vecteur centroïde B_m. Cela revient à dire, si on se place dans le cas d'un modèle conjoint, que les covariances $\Sigma_{(m,YX)}$ et $\Sigma_{(m,XX)}$ sont égales. Ceci est justifié par le fait que la variance inter-locuteurs est comparable à la variance intra-locuteurs. Dans ce cas, le terme A_m n'est plus négligeable et la variance des vecteurs convertis est fixée à celle des vecteurs de la source.

La fonction de conversion peut s'exprimer ainsi de la manière suivante :

$$\mathcal{F}(x_n) = \sum_{m=1}^{M} P_m(x_n)[\mu^*_{(m,Y)} + (x_n - \mu_{(m,X)})] \tag{3.4}$$

avec $\mu_{(m,X)}$ provenant du GMM et $\mu^*_{(m,Y)}$ une moyenne associée à la composante m de la cible, déduite de $\mu_{(m,X)}$ par une estimation de type MAP :

$$\mu^*_{(m,Y)} = \frac{r}{r + \sum_{n=1}^{N} P_m(x_n)} \mu_{(m,X)} + \frac{\sum_{n=1}^{N} P_m(x_n) y_n}{r + \sum_{n=1}^{N} P_m(x_n)}$$

où r est un facteur fixé expérimentalement à 16, (Reynolds *et al.*, 2000b). Nous désignerons cette technique par *MAP* dans la suite de ce mémoire.

3.2.4.4 Conversion spectrale à base de maximum de vraissemblence

L'étude de Toda *et al.* (2005) souligne quelques défauts affectant la qualité de la parole transformée pour les approches proposées dans (Stylianou *et al.*, 1998; Kain et Macon, 1998). Parmi ces défauts on note : la discontinuité spectrale due au processus de conversion trame par trame et le sur-lissage des spectres transformés.

L'auteur propose deux solutions :
- La première consiste à réduire la discontinuité spectrale. L'idée est basée sur la maximisation de la vraisemblance de la trajectoire des paramètres spectraux, en tenant en compte à la fois des paramètres statiques et dynamiques.
- La deuxième traite le surlissage. La solution consiste à calculer la variance globale effectuée sur les spectres convertis, ensuite prendre en compte dans le calcul du maximum de vraisemblance la trajectoire des paramètres spectraux. L'idée de la variance globale permet d'ajouter une information que les méthodes classiques ne prenait pas en compte.

Conversion à base de ML*Maximum Likelihood*

Soit $X = [X_1^T, X_2^T, ..., X_T^T]^T$ et $Y = [Y_1^T, Y_2^T, ..., Y_T^T]^T$ deux séquences de paramètres source et cible respectivement, telque $X_t = [x_t^T \Delta x_t^T]^T$, x_t^T et Δx_t^T représentent les parties statique et dynamique respectivement et $Y_t = [y_t^T \Delta y_t^T]^T$. $\mathcal{T}$ correspond au nombre de vecteurs (taille de la séquence).

La solution proposée consiste à maximiser la vraisemblance sur la fonction suivante :

$$P(Y/X, \theta) = \sum_m P(m/X, \theta) P(Y/X, m, \theta) \tag{3.5}$$

Tel que $m = \{m_{i1}, m_{i2}, ..., m_{iT}\}$ correspond à la séquence des mixtures.

$$P(m_i/X_t, \theta) = \frac{\omega_i \mathcal{N}(X_t, \mu_i^X, \Sigma_{i,XX})}{\sum_{j=1}^{M} \omega_j \mathcal{N}(X_t, \mu_j^X, \Sigma_{j,XX})}$$

$$P(Y_t/X_t, m, \theta) = \mathcal{N} Y_t, E_t(m_i), D(m_i)$$

avec M qui représente le nombre totale des mixtures.

$$E_t(m_i) = \mu_i^{(y)} + \Sigma_{i,YX} \Sigma_{i,XX}^{-1} (X_t - \mu_i^x)$$

la corrélation entre les locuteurs source

$$D(m_i) = \Sigma_{i,YY} - \Sigma_{i,YX} \Sigma_{i,XX}^{-1} \Sigma_{i,XY}$$

Le calcul de maximum de vraisemblance de l'équation 3.5 revient en fait à maximiser le terme $\log P(Y/X, m, \theta)$, qui correspond à :

$$\log P(Y/X, m, \theta) = \frac{-1}{2} Y^T D_m^{-1} Y + Y^T D_m^{-1} E_m + K \tag{3.6}$$

Tel que K soit une constante,

$$E_m = [E_1(m_{i1}), E_2(m_{i2}), \ldots, E_N(m_{iN})]$$

$$D_m = diag[D(m_{i1}^{-1}), D(m_{i2}^{-1}), \ldots, D(m_{iN}^{-1})]$$

En remplaçant Y par Wy; tel que W soit une matrice de transformation entre paramètres statiques et dynamiques (voir (Tokuda et al.)).

Finalement la séquence des paramètres statiques transformés correspond à :

$$y = W.(W^T D_m^{-1} W)^{-1} W^T D_m^{-1} E_m \tag{3.7}$$

Conversion à base de ML en considérant la variance globale

Cette solution consiste à introduire la variance globale des vecteurs de paramètres statiques dans le calcul de la vraisemblance. Donc, la nouvelle fonction de vraisemblance prend en compte deux probabilités, l'une correspond à la séquence de vecteurs de paramètres de la cible et l'autre correspond à la variance globale sur les vecteurs de paramètres statiques de la cible. Ceci peut se formuler comme suit :

$$L = \log(P(Y/X, m, \theta)^\omega P(v(y)/\theta_v) \tag{3.8}$$

Tel que $P(v(y)/\theta_v)$ soit modélisé par une loi normale et θ_v corresponde aux paramètres du vecteur moyen $\mu^{(v)}$ et à la matrice de covariance $\Sigma^{(vv)}$.

$$v(y) = [v^{(1)}, v^{(2)}, ..v^{(d)}., v^{(q)}]^T$$

$$v^{(d)} = \frac{1}{\mathcal{T}} \sum_{t=1}^{\mathcal{T}} (y_t^{(d)} - \frac{1}{\mathcal{T}} \sum_{t=1}^{\mathcal{T}} y_t^{(d)})^2$$

avec q la dimension du vecteur v. La solution optimale de la séquence des paramètres transformés consiste à résoudre la formule suivante par un algorithme de descente du gradient :

$$\frac{\partial L}{\partial y} = (-W^T D_m^{-1} W y + W^T D_m^{-1} E_m)\omega + [v_1^{(1)'}, v_1^{(2)'}, ..., v_t^{(d-1)'}, v_t^{(d)'}, ..., v_{\mathcal{T}}^{(q)'}]^T \tag{3.9}$$

Tel que

$$v_t^{(d)'} = \frac{-2}{\mathcal{T}} \sum_{i=1}^{q} \Sigma_{(d,i)}^{(vv)^{-1}} (v^{(i)} - \mu_v^{(i)})(y_t^{(d)} - \frac{1}{\mathcal{T}} \sum_{\tau=1}^{\mathcal{T}} y_\tau^{(d)})$$

Dans la suite de ce mémoire, nous allons utiliser la première solution (conversion de voix à base de ML) et on va la noter par *ML*.

3.3 Comparatif des solutions existantes

3.3.1 Problématique

Pour de nombreuses applications, notamment dans le domaine biométrique, il est nécessaire d'effectuer une conversion de voix avec très peu de données sur le locuteur cible, sachant que la durée de l'enregistrement est généralement très courte. Face à ce manque de données d'apprentissage, les méthodes de conversion de voix doivent s'adapter pour continuer à fournir une conversion de qualité. Toutefois, si on essai de réduire le volume de données d'apprentissage, il faut prévoir quelques effets sur la qualité de transformation, parmi ces effets on peut noter :

3.3.1.1 Effet du surlissage

Le défaut de surlissage a été évoqué dans (Toda et al., 2005; Chen et al., 2003). Les solutions proposées pour ce problème ont été expliquées dans les sections 3.2.4.3 et 3.2.4.4. Il faut noter une récente étude de (Alejandro et al., 2009) qui permet de combattre le surlissage, on propose de remplacer le modèle GMM par un modèle non-gaussien basé sur la méthode de *K-histogram*. D'après l'auteur les résultats subjectives obtenus sont révélateurs d'une bonne alternative. Quoique ces contributions apportent des améliorations à ce défaut, il reste à démontrer la qualité de conversion obtenue sur différentes bases de locuteurs.

3.3.1.2 Effet du sur-apprentissage

Définition

Le sur-apprentissage(*overfitting*) se produit lorsqu'il y a un mauvais dimensionnement du modèle paramétrique par rapport à la quantité de données d'apprentissage disponibles. Un modèle qui est sur-appris aura généralement une performance prédictive pauvre, car il peut accentuer les fluctuations mineures des données d'apprentissage. Par conséquent, ce modèle généralisera mal la prédiction (voir figure 3.5) .

Propriétés

1. Le sur-apprentissage ne dépend pas seulement du nombre de paramètres et de données, mais aussi de la conformité de la structure du modèle avec les données.

2. Pour éviter le sur-apprentissage, il est nécessaire d'utiliser des techniques supplémentaires, comme la validation croisée (Kohavi, 1995)[1] pour prévenir le surapprentissage.

En conversion de voix, le phénomène de sur-apprentissage a été décrit par Stylianou, (Stylianou et al., 1998). Cela revient principalement au choix d'un modèle trop complexe au regard des données d'apprentissage. Le sur-apprentissage se caractérise par le fait que l'erreur de distorsion entre la cible et la transformée augmente pour les phrases de test, alors qu'elle diminue pour les phrases conçues à l'apprentissage.

---

[1]. la validation croisée est une méthode d'estimation de fiabilité d'un modèle fondé sur une technique d'échantillonage.

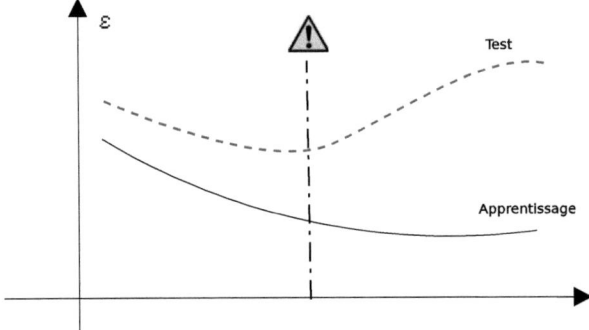

FIGURE 3.5 – Description du phénomène de surapprentissage. La courbe (en pointillé) représente l'erreur sur l'ensemble de test au cours de plusieurs itérations. La courbe (en contiue) est l'erreur sur l'ensemble d'apprentissage. Lorsque l'erreur sur l'ensemble de test augmente tandis que l'erreur d'apprentissage diminue régulièrement, alors on fait alors face à un problème de surapprentissage.

3.3.1.3 Effets du volume de données d'apprentissage

Comme présentées au chapitre 2, différentes approches contribuant à la transformation avec peu de données d'apprentissage sont envisageables. On peut noter à titre d'exemple les travaux de (Ye et Young, 2004; Helander et al., 2008; Iwahashi et Sagisaka, 1995b). A notre connaissance, les travaux cités dans l'état de l'art, ont tous traité le problème de conversion sur peu de données d'apprentissage, mais aucun d'eux n'a évalué le lien entre les facteurs suivants : volume de données d'apprentissage, paramètres de la fonction de transformation et la qualité de conversion. Le problème peut se poser de la manière suivante. Si on se place dans le cadre du GMM, quel sera l'effet des paramètres de transformation sur les données de test, si on tient compte de la réduction du corpus d'apprentissage ? Quels critères doit-on prendre sur le volume de données d'apprentissage pour assurer une bonne qualité de conversion ?

Parmi les paramètres à étudier, on peut noter le nombre de paramètres libres [2] du modèle de transformation, le type de corrélation qui existe entre les locuteurs, exprimée sous forme de matrice de covariance complète ou diagonale et aussi la dimension du vecteur des paramètres spectrales. La dimension du vecteur acoustique est un paramètre

---

2. Les paramètres libres ou degrés de liberté représentent la le nombre des composants libres du modèle étudié

qui nous semble potentiellement influencer la fonction de transformation. En effet, l'étude de (Hughes, 1968) en reconnaissance de forme, montre une baisse du taux de bonne classification lorsque la dimension du vecteur observé augmente à nombre d'échantillons d'apprentissage constant.

3.3.2 Proposition

Notre proposition se place dans le cadre de transformation par GMM. L'étude que nous avons menée compare des modèles de conversion à base de GMM (Stylianou et al., 1998) (Kain et Macon, 1998) (Chen et al., 2003) par rapport à leur comportement vis à vis de sur-lissage et de sur-apprentissage. Un premier objectif est de quantifier l'effet du nombre de paramètres libres sur la qualité et la précision de la fonction de transformation. Le second objectif est d'étudier le comportement des systèmes de transformation avec peu de données d'apprentissage. On propose une alternative aux techniques de conversion à base de GMM avec le soucis de minimiser le nombre de degrés de liberté pour ne pas risquer le sur-apprentissage. Les fonctions de conversion que nous proposons remplacent le produit des matrices de covariance de type diagonale.

Suite à ce qui a été dit dans 3.2.4.3 et afin de remédier au problème lié au sur-lissage tout en limitant la distorsion entre signal transformé et la cible, nous avons relâché la contrainte d'égalité des covariances introduite dans (Chen et al., 2003) en liant directement ces covariances par une matrice A_m diagonale, voir équation 3.1. Une matrice diagonale interdit les corrélations croisées entre coordonnées des vecteurs acoustiques. Cette hypothèse est souvent faite en reconnaissance de la parole. Nous montrons sur la figure 3.6 que les éléments de la matrice de covariance se concentrent sur la diagonale ($\Sigma_{(m,XX)}$ et $\Sigma_{(m,YY)}$). En plus, les éléments de la matrice $\Sigma_{(m,YX)}$ sont très faibles et affirment les hypothèses faites par (Chen et al., 2003).

D'après la thèse de (Kain, 2001), la regression se formule comme une somme pondérée de modèles linéaires, telle que les poids correspondent à la probabilité *a posteriori* d'appartenance d'un vecteur à une classe. On l'a décrit par :

$$\mathcal{F}(x_n) = \sum_{m=1}^{M} P_m(x_n)(A_m x_n + b_m) \quad (3.10)$$

Tel que A_m est la matrice de transformation. b_m est le vecteur biais de la classe m.

Si on considère que A_m est $\Sigma_{(m,YX)}\Sigma_{(m,XX)}^{-1}$ et b_m représente $\mu_{(m,Y)} - \Sigma_{(m,YX)}\Sigma_{(m,XX)}^{-1}\mu_{(m,X)}$, on retrouve la fonction de transformation du modèle conjoint 3.3.

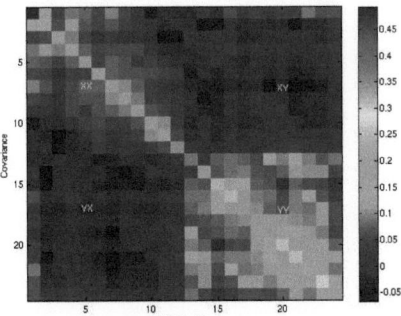

FIGURE 3.6 – Représentation de la matrice de covariance conjointe (source-cible) de la 16eme Gaussienne, prise sur un GMM à 128 composantes, modélisant ainsi l'espace des locuteurs *bdl* et *jmk* issues de la base ARCTIC.

On sait qu'une matrice de covariance représente une forme de dispersion des vecteurs autour de la moyenne. Ainsi, pour forcer que la matrice de transformation A_m n'ait pas une corrélation croisée entre les dimensions du vecteur à transformer, on propose que cette matrice prenne la forme d'une diagonale. Les valeurs de cette diagonale s'estiment par la méthode des moindres carrées.

Dans ce cas, deux modèles de la matrice de transformation A_m peuvent être proposés :

1. Le premier considère que toutes les valeurs de la diagonale de A_m sont identiques, c'est-à-dire que A_m est une matrice identité que multiplie un scalaire indépendant de la composante m : $A_m = \gamma I$.
   γ s'exprime par moindres carrés :

$$\gamma = \frac{\sum_{n=1}^{N}\left(y_n - \sum_{m=1}^{M} P_m(x_n)\mu_{(m,Y)}\right)^T \left(x_n - \sum_{m=1}^{M} P_m(x_n)\mu_{(m,X)}\right)}{\sum_{n=1}^{N}\left(x_n - \sum_{m=1}^{M} P_m(x_n)\mu_{(m,X)}\right)^T \left(x_n - \sum_{m=1}^{M} P_m(x_n)\mu_{(m,X)}\right)} \quad (3.11)$$

   le vecteur biais b_m est égale à $\mu_{(m,Y)} - A_m \mu_{(m,X)}$.

   On note cette transformation par *gamma-scalar*. Se reporter à l'annexe A pour le calcul complet.

2. Le deuxième considère que les valeurs de la diagonale sont différentes, dans ce cas :

A_m est remplacé par une matrice diagonale unique, notée Γ. Les coordonnées de Γ, γ^j pour $1 \leq j \leq q$, sont estimées par moindres carrés :

$$\gamma^j = \frac{\sum_{n=1}^{N}\left(y_n^j - \sum_{m=1}^{M} P_m(x_n)\mu_{(m,Y)}^j\right)\left(x_n^j - \sum_{m=1}^{M} P_m(x_n)\mu_{(m,X)}^j\right)}{\sum_{n=1}^{N}\left(x_n^j - \sum_{m=1}^{M} P_m(x_n)\mu_{(m,X)}^j\right)^2} \quad (3.12)$$

b_m est égale à $\mu_{(m,Y)} - A_m\mu_{(m,X)}$. On note cette transformation *gamma-vector*. Pour voir la démonstration, il faut se reporter à l'annexe B.

Le modèle de la fonction de transformation qui en résulte pour les deux propositions est :

$$\mathcal{F}(x_n) = \sum_{m=1}^{M} P_m(x_n)(\mu_{(m,Y)} + A_m(x_n - \mu_{(m,X)})) \quad (3.13)$$

3.3.3 Calcul des paramètres libres de la fonction de transformation

Les paramètres libres représentent les composantes libres de la fonction de transformation. D'après cette définition, on peut calculer les paramètres libres de chaque fonction de transformation. Ce calcul permet de mesurer et comparer la dimension des fonctions définies précédemment.

Dans le tableau 3.1, on trouve le nombre de paramètres libres des transformations de : *joint-full*, *source-diag source-full*, *MAP*,*gamma-vector* et *gamma-scalar*. Ce tableau montre la correspondance entre le nombre de degrés de liberté et le modèle d'apprentissage des fonctions de conversion.

Fonctions de transformation à base de GMM	Nombre de degrés de liberté
joint-full	$M(2q^2 + 2q + 1)$
source-diag	$M(4q + 1)$
source-full	$M(2q^2 + 2q + 1)$
MAP	$M(2q + 1)$
gamma-vector	$M(2q + 1) + q$
gamma-scalar	$M(2q + 1) + 1$

TABLE 3.1 – Calcul des degrés de liberté des différentes fonctions de transformation, q la dimension du vecteur à transformer et M correspond au nombre de composantes du GMM.

Dans ce tableau on remarque que les modèles qui ont moins de paramètres libres sont le *MAP* et *gamma-scalar*, tandis que les modèles qui représentent plus de paramètres libres correspondent à *joint-full* et *source-full*. Le calcul des degrés de liberté du modèle Ml n'est pas pris en compte dans le tableau, car il n'est pas du même ordre de grandeur que ceux des autres modèles. Le calcul est effectué sur la transformée sur la trajectoire des paramètres cepstraux et non sur chaque vecteur de paramètres.

3.4 Résultats et discussion

3.4.1 Description méthodologique

Nous avons effectué notre étude comparative sur deux bases de données, la première en anglais correspond aux locuteurs hommes *bdl* et *jmk* de la base Arctic (Kominek et Black, 2003). La deuxième en français, base IRISA, correspond aux locuteurs homme et femme, respectivement *ob* et *fe*. La méthodologie appliquée à chaque base a été la même. 70% du corpus définit l'ensemble d'apprentissage, qui correspond à 210 phrases pour la base Arctic. Les 30% restant définissent l'ensemble de test. Le choix des phrases est fait de manière aléatoire. Pour ces deux corpus, nous effectuons les opérations suivantes :

1. Calcul des vecteurs MFCC (fréquence d'échantillonnage à 16 Khz, fenêtrage de Hamming sur 30ms, pas d'analyse 10ms). L'ordre des MFCC est fixé à 13 sauf pour la transformation *ML*, où le vecteur est de dimension 26 (mfcc et delta). Les MFCC sont utilisés pour leur bonne représentation de l'enveloppe spectrale.

2. Alignement de type DTW entre les vecteurs MFCC (*source* et *cible*) par une norme euclidienne.

3. Apprentissage des paramètres du modèle GMM (moyenne, covariance, poids). Les estimations sont conjointes source-cible. Les modèles source ou cible sont obtenus par marginalisation. L'apprentissage s'effectue avec un seuil relatif sur la vraisemblance fixé à $1e^{-5}$. Des modèles GMM à 8, 16, 32, 64 et 128 composantes ont été calculés. Selon les techniques de transformations utilisées, les matrices de covariance sont complètes ou diagonales.

4. Enfin, conversion des vecteurs MFCC *source* par application des techniques de conversion décrites précédemment.

Dans cette étude, on cherche à estimer la performance de la fonction de conversion selon les différents approches décrites dans la section 3.2. A cet effet, on a utilisé le

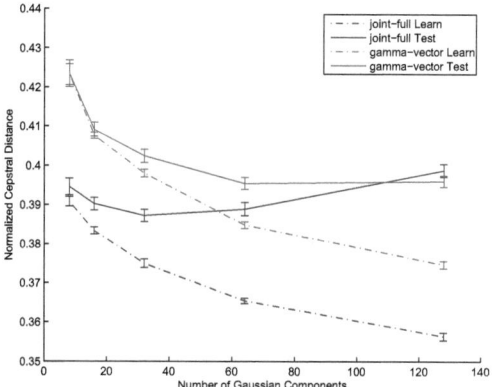

FIGURE 3.7 – Évolution des scores moyens de la distance cepstrale normalisée en fonction du nombre de composantes par GMM pour la transformation *joint-full* et *gamma-scalar*. Les mesures sont faites sur les corpus d'apprentissage et de test issus de la base Arctic avec un intervale de confiance à 95%.

calcul de la distance cepstrale normalisée suivante :

$$e(\hat{c}^s, c^t) = \frac{\sum_{i=1}^{N} \sum_{j=1}^{P} (\hat{c}^s_{ij} - c^t_{ij})^2}{\sum_{i=1}^{N} \sum_{j=1}^{P} (c^s_{ij} - c^t_{ij})^2} \quad (3.14)$$

tel que : $\hat{c}^s$ est le vecteur source transformé, c^t le vecteur cible et c^s le vecteur source.

De manière à estimer des scores moyens associées à des intervalles de confiance fiable, le processus complet depuis la séparation entre corpus d'apprentissage et corpus de test a été réitéré 16 fois. Les scores seront estimés à la fois sur le corpus de test et d'apprentissage de manière à apprécier l'effet de sur-apprentissage.

3.4.2 Effet de sur-apprentissage

En suivant la description méthodologie précédente, nous avons obtenu les résultats suivants :

La figure 3.7 représente les scores moyens de distorsion entre locuteur transformé et locuteur cible, normalisés par la distance entre locuteur cible et locuteur source. Les scores sont donnés pour les ensembles de test et d'apprentissage. On constate que le modèle *joint-full* (section 3.2.4.2), s'il reste objectivement de meilleure précision, est plus

		Nombre de gaussiennes				
Transformation		8	16	32	64	128
MAP	L	0.660 ±0.004	0.628 ±0.001	0.603 ±0.001	0.582 ±0.001	0.561 ±0.001
	T	**0.661** ±**0.005**	**0.630** ±**0.003**	**0.606** ±**0.001**	**0.587** ±**0.002**	**0.569** ±**0.002**
gamma-vector	L	0.423 ±0.003	0.408 ±0.001	0.398 ±0.001	0.385 ±0.001	0.375 ±0.001
	T	**0.423** ±**0.003**	**0.409** ±**0.002**	**0.402** ±**0.002**	**0.385** ±**0.002**	**0.396** ±**0.001**
gamma-scalar	L	0.429 ±0.003	0.411 ±0.001	0.400 ±0.001	0.386 ±0.001	0.375 ±0.001
	T	**0.429** ±**0.004**	**0.412** ±**0.002**	**0.404** ±**0.002**	**0.397** ±**0.002**	**0.397** ±**0.001**
joint-full	L	0.391 ±0.001	0.383 ±0.001	0.375 ±0.001	0.365 ±0.001	0.356 ±0.001
	T	**0.395** ±**0.002**	**0.390** ±**0.002**	**0.387** ±**0.002**	**0.389** ±**0.002**	**0.399** ±**0.002**
source-diag	L	0.422 ±0.003	0.405 ±0.001	0.395 ±0.001	0.385 ±0.001	0.383 ±0.010
	T	**0.422** ±**0.003**	**0.406** ±**0.002**	**0.398** ±**0.001**	**0.391** ±**0.001**	**0.393** ±**0.011**
source-full	L	0.497 ±0.009	0.455 ±0.002	0.450 ±0.002	0.444 ±0.002	0.453 ±0.002
	T	**0.499** ±**0.009**	**0.459** ±**0.002**	**0.457** ±**0.002**	**0.457** ±**0.002**	**0.477** ±**0.002**
ML	L	0.497 ±0.001	0.473 ±0.001	0.456 ±0.001	0.445 ±0.001	0.441 ±0.001
	T	**0.496** ±**0.002**	**0.473** ±**0.002**	**0.458** ±**0.002**	**0.451** ±**0.002**	**0.453** ±**0.002**

TABLE 3.2 – Ce tableau présente les scores normalisés de transformation entre source et cible pour la base Arctic sur les corpus d'apprentissage (noté L) et de test (noté T). Par colonne, le nombre de composantes des GMM. Par ligne, les différents modèles de transformation. On présente un score moyen estimé sur 16 expériences différentes associé à un intervalle de confiance à 95%. En gras sur le corpus de test, en italique sur le corpus d'apprentissage

sensible au sur-apprentissage. En effet, pour 128 composantes, l'écart entre les scores sur test et sur l'apprentissage est double pour *joint-full*. Cela est dû au fait que le modèle *gamma-vector* présente moins de degré de liberté que le modèle de *joint-full*. Pour M gaussiennes notre technique utilise un vecteur de variance de dimension q ainsi qu'un facteur γ, soit $M(2q+1)+q$ degrés de liberté alors que *joint-full* en a $M(2q^2+2q+1)$ (voir tableau 3.1). Notre technique entraînant moins de paramètres sur un même espace d'apprentissage, elle est moins soumise au sur-apprentissage.

Le tableau 3.2 présente les résultats sur la base Arctic. On peut remarquer que le meilleur score calculé sur le test, correspond au modèle *joint-full* pour les composantes $k = 8, 16, 32$ et 64. Alors que pour $k = 128$, la meilleure estimation correspond au

Transformation		\multicolumn{5}{c}{Nombre de gaussiennes}
		8	16	32	64	128
MAP	L	0.694 ±0.002	0.660 ±0.002	0.637 ±0.002	0.614 ±0.003	0.589 ±0.003
	T	**0.697** ±**0.005**	**0.664** ±**0.006**	**0.644** ±**0.006**	**0.624** ±**0.006**	**0.607** ±**0.006**
gamma-vector	L	0.518 ±0.002	0.491 ±0.002	0.467 ±0.002	0.449 ±0.003	0.433 ±0.003
	T	**0.520** ±**0.004**	**0.494** ±**0.005**	**0.475** ±**0.006**	**0.468** ±**0.006**	**0.470** ±**0.006**
gamma-scalar	L	0.525 ±0.001	0.495 ±0.002	0.469 ±0.002	0.451 ±0.003	0.434 ±0.003
	T	**0.526** ±**0.004**	**0.499** ±**0.005**	**0.478** ±**0.006**	**0.470** ±**0.005**	**0.472** ±**0.006**
joint-full	L	0.454 ±0.002	0.440 ±0.003	0.427 ±0.003	0.416 ±0.003	0.404 ±0.003
	T	**0.461** ±**0.006**	**0.453** ±**0.006**	**0.450** ±**0.007**	**0.457** ±**0.007**	**0.474** ±**0.007**
source-diag	L	0.607 ±0.001	0.559 ±0.004	0.531 ±0.009	0.554 ±0.034	0.512 ±0.017
	T	**0.612** ±**0.004**	**0.569** ±**0.010**	**0.537** ±**0.008**	**0.595** ±**0.034**	**0.630** ±**0.007**
source-full	L	0.638 ±0.002	0.601 ±0.003	0.563 ±0.003	0.558 ±0.003	0.578 ±0.004
	T	**0.646** ±**0.006**	**0.612** ±**0.006**	**0.579** ±**0.006**	**0.586** ±**0.005**	**0.630** ±**0.007**
ML	L	0.627 ±0.002	0.580 ±0.003	0.545 ±0.003	0.525 ±0.003	0.510 ±0.003
	T	**0.631** ±**0.003**	**0.586** ±**0.004**	**0.554** ±**0.005**	**0.538** ±**0.006**	**0.534** ±**0.006**

TABLE 3.3 – Ce tableau présente les scores normalisés de transformation entre source et cible pour la base IRISA locuteurs *ob/fe* sur les corpus d'apprentissage et de test. Par colonne, le nombre de composantes des GMM. Par ligne, les différents modèles de transformation. On présente un score moyen estimé sur 16 expériences différentes associé à un intervalle de confiance à 95%. En gras sur le corpus de test, en italique sur le corpus d'apprentissage

modèle *source-diag* qui se chevauche avec *gamma-vector* que nous proposons. Pour les approches de *MAP* et *ML*, on observe que le score s'améliore en fonction du nombre de composantes du GMM. En particulier la distance cepstrale normalisée de *MAP* reste moins bonne par rapport à *joint-full*. Il faut noter un chevauchement des intervalles de confiance entre nos modèles, *gamma-scalar* et *gamma-vector*, et le modèle *joint-full*.

Le tableau 3.3 présente les résultats sur la base IRISA. On peut tirer les mêmes remarques observées sur la base Arctic. Nos deux modèles *gamma-scalar* et *gamma-vector* donnent des scores assez proches du modèle de *joint-full*, avec moins de paramètres libres.

On peut conclure que l'usage de fonctions de conversion décrites avec peu de paramètres permettent de conserver une précision de conversion de l'ordre de l'état de l'art. Une vue synthétique du tableau 3.2 pour un nombre de gaussiennes égal à 64 est donné en figure 3.8.

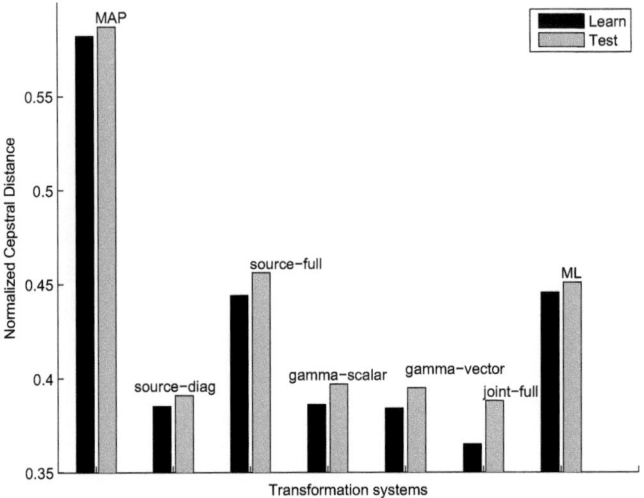

FIGURE 3.8 – Comparaison des scores de distance cepstrale normalisée entre locuteur transformé et locuteur cible. Les mesures sont faites sur les corpus de test et d'apprentissage sur la base Arctic avec un GMM à 64 composantes.

3.4.3 Volume minimum des données d'apprentissage

3.4.3.1 Construction des bases d'apprentissage

Notre étude comparative est effectué suivant la même méthodologie que précédemment (voir section 3.4.1). En particulier, nous avons défini différents corpus d'apprentissage réduits. On notera x%bdl-jmk le corpus d'apprentissage qui correspond à un pourcentage de réduction que x% du corpus d'apprentissage initial de la base *bdl-jmk*.

Pour résumer, les conditions méthodologiques sont les suivantes :

1. $\forall x, y \in \{100, 75, 50, 25, 10, 5\}$ tel que $x < y$, on a $x\%\text{-}(bdl\text{-}jmk) \subset y\%\text{-}(bdl\text{-}jmk)$.

2. le corpus de test de *bdl-jmk* est identique pour tous les modèles de réduction et contient 90 phrases.

Pour chaque corpus d'apprentissage, le nombre de phrases est décrit dans le tableau 3.4.

x%(*bdl-jmk*)	100	75	50	25	10	5
Nombre de phrases	210	157	105	52	21	10
Nombre de vecteurs	50127	36956	24609	12100	4930	2257
Durée	8 mn 21 s	6 mn 9 s	4 mn 6 s	2 mn 1 s	49 s	22 s

TABLE 3.4 – Description pour chaque corpus d'apprentissage du nombre des phrases utilisées, le nombre des vecteurs et la durée pour la base Arctic.

La répartition des phrases d'apprentissage par corpus est la suivante : 210 phrases pour 100%-(*bdl-jmk*), 157 pour 75%-(*bdl-jmk*), 105 pour 50%-(*bdl-jmk*),52 pour 25%-(*bdl-jmk*), 21 pour 10%-(*bdl-jmk*) et enfin 10 phrases pour 5%-(*bdl-jmk*).

Dans cette étude, on cherche à estimer la performance de la fonction de conversion selon les différentes approches décrites précédemment et en fonction de la réduction du corpus d'apprentissage.

Pour chacune de ces 16 expériences, on détermine 6 corpus réduits : 100%-(*bdl-jmk*) à 5%-(*bdl-jmk*). Ce qui fait donc au total 96 corpus d'apprentissage à partir desquels des fonctions de transformation seront apprises. Pour chacune de ces expériences, 3 modèles de représentation de l'espace acoustique ont été calculés : GMM à 8, 32 et 64 composantes. Enfin 3 systèmes de transformation sont soumis à l'expérience (*joint-full*, *source-diag* et *gamma-vector*). Nous avons choisi ces derniers, car ils présentent des modèles différents et objectivement se comportent favorablement d'après l'étude de la section 3.4.2. Les scores sont estimés à la fois sur le corpus de test et sur le corpus d'apprentissage de manière à apprécier l'effet de sur-apprentissage, on utilise le calcul de l'erreur de distorsion (voir section 3.4.1).

3.4.3.2 Effet de réduction de volume des données

Les tableaux 3.5 et 3.6 présentent les scores normalisés de transformation entre source et cible sur les corpus, respectivement d'apprentissage et de test. Par colonne, les différents taux de réduction appliqués sur les corpus d'apprentissage des 16 expériences : 100%, 75%, 50%, 25%, 10% et 5%. Par ligne, les différents modèles de transformation pour différents GMM : 8, 32, ou 64 composantes. On présente un score moyen estimé sur les 16 expériences différentes associé à un intervalle de confiance à 95%.

A la lecture de ces deux tableaux, on peut tout d'abord constater que chaque système de conversion étudié réagit conformément aux relations suivantes :

1. Score d'apprentissage[x%-(*bdl-jmk*)] $\leq$ score de test[x%-(*bdl-jmk*)], $\forall x$.

		Différents seuils de réduction x%bdl-jmk					
Transformation		100	75	50	25	10	5
joint-full Apprentissage	GMM 8	0.391 ±0.001	0.390 ±0.001	0.389 ±0.002	0.383 ±0.003	0.371 ±0.007	0.351 ±0.009
	GMM 32	0.375 ±0.001	0.373 ±0.001	0.370 ±0.002	0.360 ±0.003	0.328 ±0.007	0.311 ±0.010
	GMM 64	0.365 ±0.001	0.363 ±0.001	0.358 ±0.002	0.342 ±0.002	0.318 ±0.007	– –
gamma-vector Apprentissage	GMM 8	0.423 ±0.003	0.423 ±0.003	0.423 ±0.003	0.419 ±0.003	0.414 ±0.007	0.408 ±0.007
	GMM 32	0.398 ±0.001	0.397 ±0.001	0.396 ±0.002	0.391 ±0.003	0.376 ±0.007	0.370 ±0.008
	GMM 64	0.385 ±0.001	0.384 ±0.001	0.382 ±0.002	0.374 ±0.002	0.363 ±0.007	– –
source-diag Apprentissage	GMM 8	0.422 ±0.003	0.422 ±0.003	0.422 ±0.003	0.419 ±0.003	0.415 ±0.007	0.413 ±0.006
	GMM 32	0.396 ±0.001	0.395 ±0.001	0.395 ±0.002	0.392 ±0.003	0.384 ±0.007	– –
	GMM 64	0.386 ±0.001	0.385 ±0.001	0.385 ±0.002	0.380 ±0.003	– –	– –

TABLE 3.5 – Ce tableau présente les scores normalisés de transformation entre source et cible sur le corpus d'apprentissage pour toutes les bases réduites à 75%, 50%, 25%, 10% et 5%. Par colonne, les différents taux de réduction appliqués sur la base initiale bdl-jmk. Par ligne, les différents modèles de transformation sur différents Gaussiennes 8, 32 et 64. On présente un score moyen estimé sur 16 expériences différentes associé à un intervalle de confiance à 95%.

2. Score de test[x%-(*bdl-jmk*)]$\leq$ score de test[y%-(*bdl-jmk*)], $\forall x \leq y$.

3. Score d'apprentissage[x%-(*bdl-jmk*)] $\leq$ score d'apprentissage[y%-(*bdl-jmk*)], $\forall$ x $\leq$ y.

En réponse aux points cités en section 3.3.2, on tente d'établir un lien entre le taux de réduction du corpus d'apprentissage et les paramètres des systèmes de transformation :

1. Lorsque le nombre de phrases d'apprentissage diminue, la dégradation augmente. On verra que cette dégradation n'est pas linéaire en fonction de facteur de réduction.

2. Dans certaines situations extrêmes, il n'est pas possible de calculer un modèle GMM faute d'un nombre suffisant de données. C'est le cas notamment du corpus 5%-(*bdl-jmk*)($\simeq$ 2400 vecteurs) qui ne permet pas de calculer un GMM à 64 composantes. Pour le corpus 10%-(*bdl-jmk*), le calcul de *source-diag* avec un GMM 64 ne peut être mené car les matrices de transformation du modèle linéaire deviennent singulières (estimation de type moindres carrés).

Les comportements observés amènent les réflexions suivantes. Quelle que soit la méthode d'apprentissage appliquée, nous observons qu'une réduction de la base d'ap-

Transformation		Différents seuils de réduction x%bdl-jmk					
		100	75	50	25	10	5
joint-full Test	GMM 8	0.395 ±0.002	0.395 ±0.002	0.397 ±0.002	0.402 ±0.002	0.420 ±0.004	0.446 ±0.009
	GMM 32	0.387 ±0.002	0.390 ±0.002	0.396 ±0.002	0.416 ±0.002	0.472 ±0.006	0.548 ±0.016
	GMM 64	0.389 ±0.002	0.395 ±0.002	0.407 ±0.002	0.440 ±0.003	0.534 ±0.009	–
gamma-vector Test	GMM 8	0.423 ±0.003	0.423 ±0.003	0.424 ±0.004	0.425 ±0.003	0.432 ±0.003	0.435 ±0.005
	GMM 32	0.402 ±0.002	0.404 ±0.002	0.406 ±0.002	0.414 ±0.002	0.434 ±0.003	0.460 ±0.007
	GMM 64	0.395 ±0.002	0.398 ±0.002	0.404 ±0.002	0.419 ±0.002	0.459 ±0.006	–
source-diag Test	GMM 8	0.422 ±0.003	0.422 ±0.003	0.424 ±0.004	0.424 ±0.003	0.430 ±0.003	0.437 ±0.004
	GMM 32	0.398 ±0.002	0.399 ±0.002	0.401 ±0.002	0.406 ±0.002	0.420 ±0.003	–
	GMM 64	0.391 ±0.002	0.393 ±0.002	0.396 ±0.002	0.405 ±0.002	–	–

TABLE 3.6 – Ce tableau présente les scores normalisés de transformation entre source et cible sur le corpus de test pour toutes les bases réduites à 75%, 50%, 25%, 10% et 5%. Par colonne, les différents taux de réduction appliqués sur la base initiale bdl-jmk. Par ligne, les différents modèles de transformation sur différents Gaussiennes 8, 32 et 64. On présente un score moyen estimé sur 16 expériences différentes associé à un intervalle de confiance à 95%.

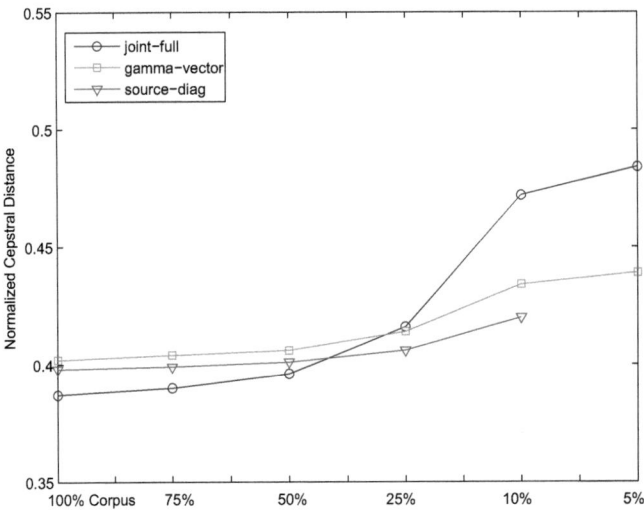

FIGURE 3.9 – Évolution des scores de distance cepstrale normalisée en fonction des réductions des données à 75%, 50%, 25%, 10% et 5% sur bdl-jmk. Les mesures sont effectuées sur le corpus de test pour les approches *joint-full*, *source-diag* et *gamma-vector*. Les intervalles de confiance à 95% sont de l'ordre de 10^{-3}

prentissage entraîne une augmentation du taux d'erreur sur la base de test. On peut donc chercher à établir un seuil sur le coefficient de réduction au delà duquel on perd la bonne qualité de transformation. Cependant, les techniques de conversions étudiées n'utilisent pas les mêmes paramètres pour décrire la fonction de conversion (voir sections 3.2.4 et 3.3.2). Elles n'ont donc pas le même comportement face à la réduction du corpus d'apprentissage. Il ne peut donc être raisonnable de conclure à un seuil commun à toutes ces techniques. Nous proposons plutôt d'établir un intervalle sur le seuil de réduction permettant d'établir un compromis acceptable entre le volume de données et la précision de la conversion. On peut établir un parallèle entre cette remarque et (Ravindra et Saman, March 2004) où l'on établit des intervalles (*safety region*) incluant de tels seuils.

La figure 3.9 représente les scores moyens de distorsion entre le locuteur transformé et le locuteur cible pour un GMM moyen à 32 composantes. Les scores sont évalués pour tous les systèmes en fonction des différents coefficients de réduction du corpus

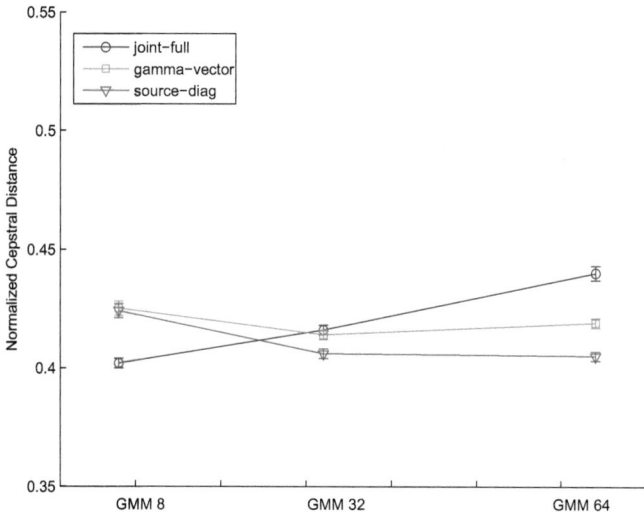

FIGURE 3.10 – Évolution des scores de distance cepstrale normalisée pour le seuil de réduction à 25%, en fonction du nombre des composantes du GMM pour les approches *joint-full*, *source-diag* et *gamma-vector* sur le corpus de test.

d'apprentissage. On voit notamment que le modèle *joint-full* se dégrade à partir d'une réduction à 25% de la base initiale. Il faut noter le fait que ce modèle reste globalement le meilleur si on intègre un GMM moins complexe (GMM à 8 composantes, voir tableau 3.5). *source-diag* est meilleur que *gamma-vector* jusqu'à un seuil de 10%. Ce dernier conserve une certaine stabilité dans la précision jusqu'à 5% avec une meilleure précision. Cela est dû au fait que cette technique de transformation repose sur moins de paramètres, elle est donc moins sensible à la réduction des données.

A partir de cette même figure, nous observons que la borne supérieure de l'intervalle qui inclut tous les seuils de réduction pour toutes les transformations se trouve à 25% (corpus de 52 phrases). On voit qu'il existe une stabilité de la distance normalisée pour tous les systèmes de transformation et que cette zone s'étend au-delà de 25% de réduction. Pour le système *gamma-vector*, cette stabilité s'étend jusqu'à 5% de réduction (équivalent à 10 phrases). La précision est acceptable (augmentation de 2.8% de l'erreur par rapport à la base initiale). Cependant, cette technique subit un sur-apprentissage (sur une base d'apprentissage fixée, l'erreur augmente lorsqu'on augmente le nombre

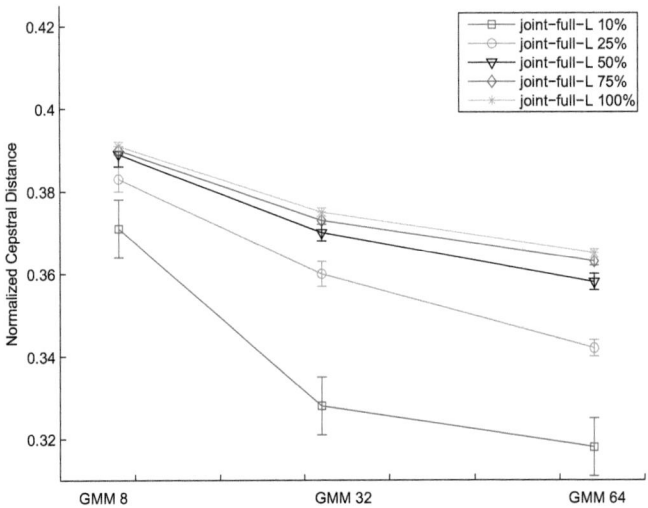

FIGURE 3.11 – Évolution des scores de distance cepstrale normalisée pour l'approche *joint-full*, pour les réductions à 75%, 50%, 25% et 10%, en fonction du nombre des Gaussiennes sur le corpus de d'apprentissage.

de composantes des GMM). Le seuil de l'approche *source-diag*, se trouve avant 10% de réduction (21 phrases), avec une bonne résistance au sur-apprentissage. *joint-full* reste le meilleur en précision et son seuil se trouve à 10%. Enfin, on peut dire que *gamma-vector* reste stable jusqu'à 5%. La règle générale est donc que les méthodes qui utilisent le moins de paramètres sont les plus stables.

La figure 3.10 représente une situation inverse à celle de la figure 3.9. Ici, on représente les scores moyens de distorsion entre locuteur transformé et locuteur cible normalisé. Ces scores sont présentés pour le seuil de réduction à 25% qui nous semble optimal. Les scores sont évalués pour tous les systèmes et en fonction des différentes composantes de GMM : 8, 32, 64. On remarque que le modèle *joint-full* souffre d'un effet de sur-apprentissage, bien que sa précision soit meilleure que celle de *source-diag* et *gamma-vector* pour un GMM à 8 composantes. Le modèle *source-diag* a une meilleure précision que *gamma-vector* pour des GMM à 32 et 64 composantes.

Les figures 3.11 et 3.12 montrent le comportement des scores moyens effectués respectivement sur les corpus d'apprentissage et de test pour toutes les réductions, en

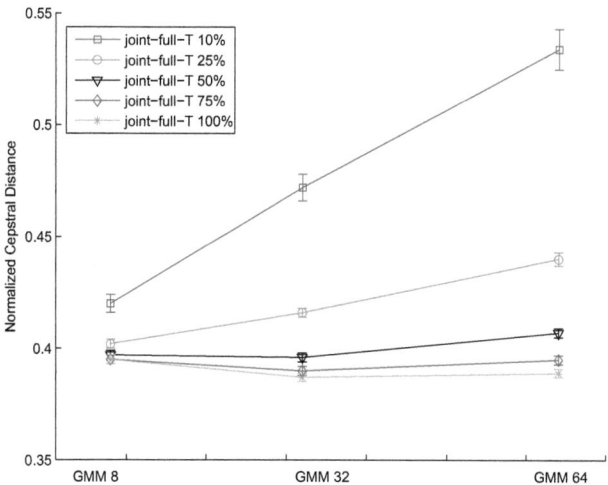

FIGURE 3.12 – Évolution des scores de distance cepstrale normalisée pour l'approche *joint-full*, pour les réductions à 75%, 50%, 25% et 10%, en fonction du nombre des Gaussiennes sur le corpus de test.

choisissant le modèle de *joint-full*. On voit que lorsque le nombre de GMM augmente, le score sur le corpus d'apprentissage s'améliore et celui sur le corpus de test se dégrade. Sur les corpus de test, on distingue un score acceptable correspondant aux courbes 100%, 75%, 50% et 25%, alors que la courbe 10% commence à s'éloigner. Cela justifie le choix d'un seuil de réduction optimal à 25% qui équivaut pour nos expériences à 52 phrases. Ce seuil reflète le meilleur compromis entre taille du corpus d'apprentissage et précision de conversion.

3.5 Conclusion

Ce chapitre présente une évaluation expérimentale de différentes techniques de transformation à base de GMM associées aux techniques de transformations linéaires. Pour toutes les solutions proposées, le processus d'apprentissage montre l'effet de sur-apprentissage mesuré en terme de divergence des résultats entre le corpus d'apprentissage et le corpus de test. Nous remarquons que le modèle *joint-full*, qui utilise un GMM conjoint, offre une meilleure précision mais présente un risque de sur-apprentissage au delà de

32 Gaussiennes. La solution que nous présentons (gamma-vector), produit une dégradation de 2.8% par rapport au modèle de *joint-full*, mais elle est moins sensible à l'effet de sur-apprentissage.

Sous un autre angle, nous observons que pour garder une meilleure conversion lorsque le volume de données d'apprentissage est réduit, le nombre de paramètres qui décrit la transformation (nombre des Gaussiennes, la dimension du vecteur moyen et le type de covariance) doit être réduit. Par exemple, pour la transformation proposée par *joint-full* avec 32 Gaussiennes, la distance cepstrale normalisée lorsqu'on utilise 5% de la base originale, on a une variation relative de 41.6% par rapport au score obtenu avec 100% de la base d'apprentissage, alors que cette variation n'est qu'à 15.25% pour les 8 Gaussiennes. En outre, pour la même transformation avec 8 Gaussiennes, en utilisant 25% de la base d'apprentissage, la variation relative n'est qu'à 1.77% du score obtenu avec 100% de la base d'apprentissage. Nous constatons pour les bases d'apprentissage réduites, que la distorsion augmente de façon non-linéaire pour tous les modèles de transformation. Nous avons observé que sur la base Arctic, les systèmes étudiés obtiennent des scores de conversion acceptables si on utilise 52 phrases d'apprentissage. Toutefois, il faut noter que les modèles exigeants plus de degrés de liberté, deviennent instables face aux peu de données d'apprentissage.

Nous pouvons dire que nos modèles proposés *gamma-vector* et *gamma-diag* donnent des scores de distorsion dans l'ordre de l'état de l'art, en utilisant moins de paramètres libres de la fonction de conversion. Ce peu de paramètres joue en faveur de nos modèles pour deux raisons : la première, d'un point de vue coût et implémentation, développer une fonction avec moins de paramètres serait un avantage considérable. La deuxième, assure une stabilité du système de transformation face à des situations où peu de données sont enregistrées sur les locuteurs.

Chapitre 4

Alignement non-parallèle des données d'apprentissage

4.1 Introduction

Dans de nombreux domaines du traitement automatique de la parole, il peut être nécessaire de faire usage de corpus de parole parallèles. Le but est d'obtenir un ensemble de phrases identiques prononcées par différents locuteurs. De tels corpus sont souvent difficile à acquérir et sont coûteux, mais restent indispensables pour la traduction automatique, l'adaptation au locuteurs et la conversion de voix (comme nous l'avons vu dans le chapitre précédent). En effet, dans ces domaines, il est nécessaire d'apparier les réalisations acoustiques du locuteur source avec celles du locuteur cible. Un tel appariement est obtenu généralement en appliquant l'alignement de DTW Dynamic Time Warping (Sakoe et Chiba, 1978).

Cependant, dans la plupart des cas, les locuteurs source et cible prononcent des contenus variés et différents. On se trouve alors dans une situation de données non-parallèles. Différentes approches ont été proposées pour contourner ces contraintes (voir état de l'art au chapitre 2). L'objectif principal est de trouver une alternative mettre en correspondance des données non-parallèles pour les modèles de transformation.

La solution que nous présentons dans ce chapitre se place dans ce cadre, elle consiste à se départir de l'alignement de DTW lorsqu'on ne dispose pas de données parallèles entre locuteurs source et cible.

Dans la section 4.2, on expose le problème d'alignement des données d'apprentissage non parallèles, en expliquant quelques expériences préliminaires avant de proposer une méthodologie de résolution. La section 4.3 présente le protocole expérimental et les résultats obtenus, en faisant une comparaison avec l'alignement de DTW. Ensuite, la section 4.4 étudie l'influence de la variabilité du locuteur sur la conversion de voix, en particulier déduire le type d'alignement le plus adapté, avant de terminer par une conclusion.

4.2 Les données d'apprentissage ne sont pas parallèles

4.2.1 Problématique

Dans l'état de l'art décrit dans le chapitre 2, différents travaux cherchent à s'affranchir des données parallèles et par conséquent à remplacer la DTW par un autre système d'appariement de vecteurs acoustiques. On peut noter : L'approche par sélection d'unités proposée par (Duxans et Al., 2006), l'approche d'appariement de classes *class mapping* par (Sündermann *et al.*, 2004), L'alignement basé sur un système de reconnaissance de la parole de (Ye et Young, 2004) et l'approche de (Mouchtaris *et al.*, 2004) inspirée de la technique d'adaptation au locuteur sur des corpus parallèles.

La plupart de ces travaux sont liés à un contexte technologique particulier : reconnaissance de la parole, synthèse la parole à partir du texte, corpus parallèle). Par conséquent, chaque contexte peut influencer l'usage d'une solution d'appariement. De manière plus générale, le problème peut se formuler de la manière suivante : **peut-on trouver une méthode d'appariement de données non-parallèles efficace, qui permette à la fois, de réduire les erreurs de mise en correspondance, sans toutefois être liée avec d'autres systèmes ? et sans tenir compte d'informations de nature symbolique (e.g. phonétique)**. C'est dans ce contexte que nous allons proposer une solution, qui sera expliqué par la suite.

4.2.2 Proposition d'un modèle d'appariement pour corpus non-parallèles

4.2.2.1 Expériences préliminaires

Pour justifier notre démarche, nous avons effectué deux expériences préliminaires. Dans la première, nous avons cherché à savoir de quelle manière les espaces acoustiques sources et cibles peuvent se recouvrir (voir figure 4.1). S'ils se recouvraient totalement, alors une classification de type *k-means* à un niveau aurait été suffisant. Nous avons donc appliquer une classification en k classes (*k-clustering*) sur un espace acoustique. Cette espace est formé d'un ensemble de vecteurs de paramètres acoustiques en mélangeant la partie source avec celle de la cible. Avant de procéder à cette classification, nous avons obtenu l'ensemble de paires des vecteurs source et cible en appliquant l'alignement par

DTW. Cet alignement va nous servir pour tester l'efficacité de nos approches non-parallèles. Ensuite après la classification, nous avons essayé de retrouver ces couples de vecteurs dans les différentes classes obtenues. Ainsi, sur un *k-clustering* de 256 classes, seules 176 classes contiennent un mélange de source/cible. D'autre part, en augmentant le nombre de classes, ce nombre diminue encore (voir table 4.1). On conclue que plus on augmente le nombre de classes, plus il y a naturellement raréfaction des correspondances.

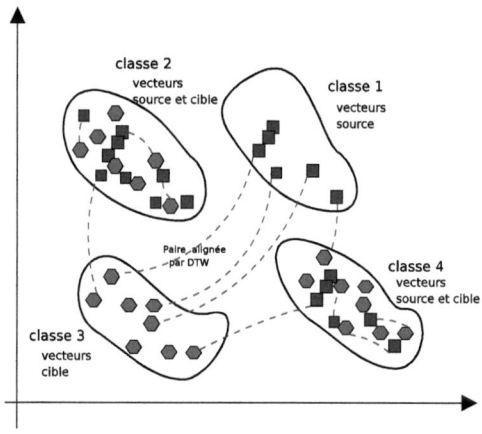

FIGURE 4.1 – Représentation des espaces acoustiques source et cible. Certaines classes contiennent un mélange de vecteurs source et cible, d'autres contiennent exclusivement des vecteurs source ou cible. Les lignes en pointillé représentent les paires alignés par DTW.

# centroïdes	64	128	256	512	1024	2048
Répartition 1	56	101	176	297	429	576
Répartition 2	8	27	81	215	595	1472

TABLE 4.1 – Répartition des centroïdes sur l'espace avec mélange (Répartition 1) et l'espace sans mélange (Répartition 2)

Dans une deuxième expérience, on s'est inspiré d'un modèle CART (*Classification And Regression Tree*) proposé par (Duxans, 2006). Pour cela, une classification basée sur un arbre nous semblait intéressante, mais le choix de la décomposition hièrarchique peut s'effectuer de différentes manières. A cet effet, nous avons testé deux configurations, la première en arbre quaternaire (chaque noeud est divisé en 4 classes au niveau inférieur) et la deuxième en arbre binaire.

Dans la première configuration, on a décomposé les espaces acoustiques source et cible séparément en 4 classes. Ensuite, on a effectué une correspondance des classes source et cible (mapping de classes) en respectant un critère de distance minimale (voir figure 4.2). Finalement, on a mesuré le nombre de couples de vecteurs alignés par la DTW et qui sont présents dans le mapping de classes.

Par exemple dans le tableau 4.2, on peut dire que la classe 1 source représentée par son centroïde $Xc1$ correspond à la classe 2 cible représentée par son centroïde $Yc2$. Pour l'ensemble des vecteurs acoustiques inclus dans la classe 1 source, on a trouvé 347 vecteurs qui s'alignaient par DTW avec des vecteurs de la classe 1 cible, 2464 s'alignaient avec des vecteurs de la classe 2, 85 avec la classe 3 et 268 avec la classe 4. Le % de classification entre la classe 1 source avec la classe 2 cible correspond à $\frac{2464}{347+2464+85+268} =$ 77.2. Le taux moyen de classification obtenu était de l'ordre de 64%. On a conclu que ce type de décomposition n'atteint pas le seuil de performance souhaitable.

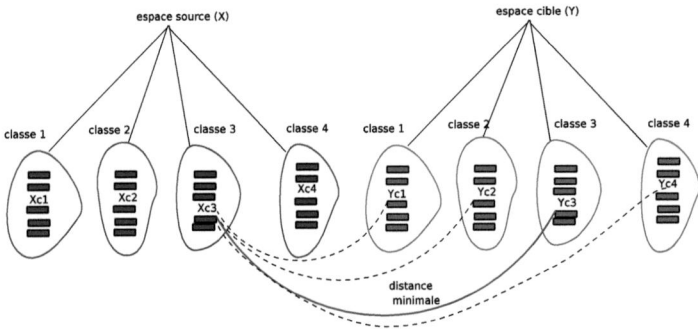

FIGURE 4.2 – Correspondance des classes acoustiques source et cible en utilisant un arbre quaternaire à un niveau. L'arc en continue représente la correspondance entre la classe source avec celle de la cible, en respectant un critère de distance minimale sur les centroïdes.

Dans la deuxième configuration, on a procédé de la même manière identique, mais cette fois-ci avec une décomposition en 2 classes à chaque niveau de l'hièrarchie (voir figure 4.3). Dans ce cas, les résultats d'appariement donnent un taux de classification moyen de l'ordre de 69% (voir tableau 4.3). Nous conservons ce résultat et proposons une méthode d'appariement de données non-parallèles fondée sur une classification d'arbre binaire.

	Yc1	Yc2	Yc3	Yc4	%Classification
Xc1	347	**2464**	85	268	77.2
Xc2	**2135**	213	140	322	75.9
Xc3	178	145	**1585**	1419	47.6
Xc4	**1436**	435	175	726	51.8

TABLE 4.2 – Dispersion des vecteurs alignés par DTW, sur un arbre quaternaire de profondeur 1, le nombre en gras représente le taux classification conforme entre DTW et appariement par arbre. Xc1, Xc2, Xc3 et Xc4 correspondent aux centroides des classes sources et Yc1, Yc2, Yc3 et Yc4 correspondent aux centroides des classes cibles.

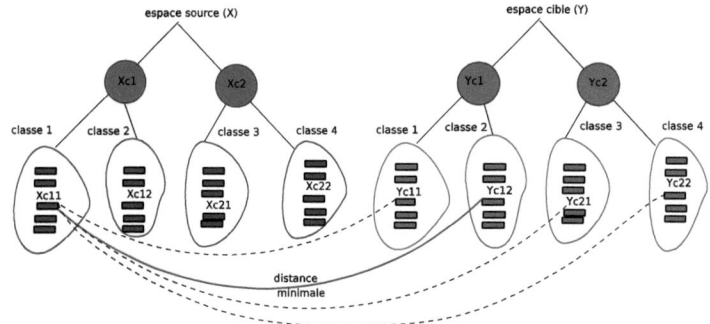

FIGURE 4.3 – Correspondance des classes acoustiques source et cible en utilisant un arbre binaire à deux niveaux. L'arc en continue représente la correspondance entre la classe source avec celle de la cible, en respectant un critère de distance minimale entre les centroïdes.

	Yc11	Yc12	Yc21	Yc22	%Classification
Xc11	595	**2562**	105	307	71.8
Xc12	**3010**	365	189	488	74.3
Xc21	68	32	**1360**	445	71.2
Xc22	509	235	334	**1456**	58.1

TABLE 4.3 – Dispersion des vecteurs alignés par DTW, sur un arbre binaire de profondeur 2, le nombre en gras représente le taux de classification conforme entre DTW et appariement par arbre. Xc11, Xc12, Xc21 et Xc22 correspondent aux centroïdes des classes sources et Yc11, Yc12, Yc21 et Yc22 correspondent aux centrodes des classes cibles.

4.2.2.2 Solution svqTree proposée

Suite aux résultats des expériences préliminaires, nous proposons une nouvelle méthode d'appariement ayant pour objectif de nous départir de la DTW. Nous l'avons appelé svqTree *Split Vector Quantization by Tree.* L'approche développée fait partie des approches de mapping de classes hièrarchiques, représentée sous forme d'une classification d'arbre binaire. Sa nouveauté réside en particulier dans un appariement progressif et dyadique des espaces acoustiques source et cible. Notre but est de réduire les erreurs d'appariement en alignant le cluster source avec son correspondant cible, choisi parmi un ensemble limité de deux clusters. A cet effet, nous avons appliqué une partition hièrarchique et conjointe sur les espaces acoustiques source et cible.

Algorithme de décomposition hièrarchique Chaque noeud de hièrarchie correspond aux sous-espaces source et cible. Chacun des deux espaces est divisé en deux sous-espaces. Ensuite, le nouveau sous-espace est apparié avec le sous-espace cible en utilisant une distance euclidienne. Par conséquent, sur chaque niveau de partition, la recherche du cluster cible à apparier avec le cluster source est limitée à un ensemble restreint de clusters. Cet ensemble de clusters est défini par l'appariement au niveau hièrarchique supérieur. Deux arbres parallèles sont ainsi crées (un pour la source et l'autre pour la cible). Chaque noeud de l'arbre source est apparié avec le noeud de l'arbre cible de même niveau (voir figure 4.4).

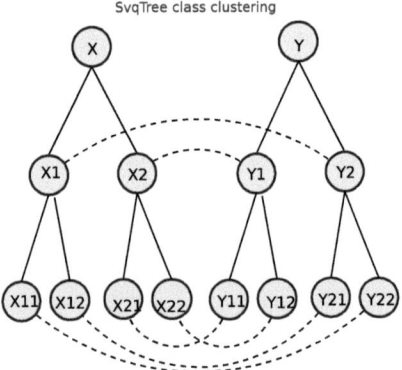

FIGURE 4.4 – Décomposition hièrarchique et conjointe des sous-espaces acoustiques source et cible à deux niveaux. μ_x^i et μ_y^j sont les centroïdes des clusters source et cible. On note en pointillé l'appariement des centroides.

L'algorithme de décomposition (voir algorithme 1) est basé sur une fonction récursive qui décompose l'espace acoustique en une structure hièrarchique. La récursion est arrêtée une fois obtenu un minimum de 2 vecteurs par classe.

```
tree = svqTree(X,Y,Threshold)
Input : X,Y,Threshold
Output : svqTree
if size(X) ≥ threshold  and  size(Y) ≥ threshold then
    [$X_1$,$X_2$,$\mu_x$]=Classify(X) ;
    [$Y_1$,$Y_2$,$\mu_y$]=Classify(Y);
    pairingStrategy=ClusterPairing($\mu_x$,$\mu_y$);
    if pairingStrategy == 1 then
        tree = addNode(tree,svqTree($X_1$,$Y_1$,Threshold));
        tree = addNode(tree,svqTree($X_2$,$Y_2$,Threshold));
    end
    else
        tree = addNode(tree,svqTree($X_1$,$Y_2$,Threshold));
        tree = addNode(tree,svqTree($X_2$,$Y_1$,Threshold));
    end
end
else
    tree = addLeaf(tree,[$\mu_x$ $\mu_y$]);
end
```

Algorithme 1 : Algorithme de décomposition, svqTree, des espaces acoustiques source (X) et la cible (Y), μ_x et μ_y représentent les centroides respectivement pour les espaces source et cible. *tree* est la structure de données qui contient l'information sur l'arbre binaire. *tree* est initialisé à un arbre vide. *Classify* divise le sous espace en deux et calcule les centroides des nouveaux clusters. *ClusterPairing* apparie les clusters source et cible.

Fonction d'appariement

Nous considérons que chaque vecteur contenu dans un cluster source peut être apparié avec chaque vecteur d'un cluster cible associé. Plusieurs méthodes peuvent être implantées pour faire correspondre un vecteur source d'un cluster avec un vecteur du cluster cible apparié. Nous avons développé deux fonctions.

La première ($svqTreeC$) fait la correspondance du vecteur source avec le centroïde du cluster cible apparié (voir figure 4.5). Dans chaque feuille k^{th} de $svqTree$, la fonction d'appariement qui associe le vecteur source x_i avec le centroïde μ_y^k du cluster cible apparié k^{th} est :

$$\mathcal{M}_{svqTreeC}(x_i, k) = \mu_y^k \quad (4.1)$$

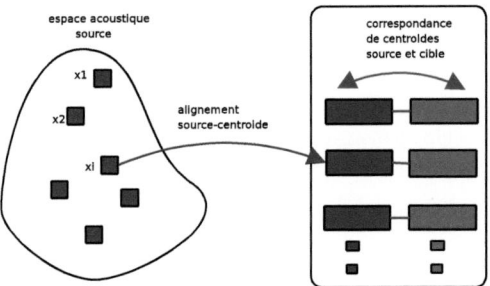

FIGURE 4.5 – Description de la fonction de mapping par $svqTreeC$, en alignant les vecteurs source aux centroides de l'espace cible.

La seconde, ($svqTreeT$), apparie le vecteur source avec le vecteur cible existant dans le cluster cible apparié (voir figure 4.6). Ce vecteur cible est déduit en considérant la distance entre le vecteur acoustique et le centroïde de cette classe. Dans chaque feuille du $svqTree$, le vecteur cible y_l est transformé en $\hat{y}_l^k = y_l + \mu_x^k - \mu_y^k$ où μ_x^k et μ_y^k sont respectivement les centroïdes des clusters source et cible de la k^{th} feuille. Une distance euclidienne est ensuite calculée entre x_i et chaque $\hat{y}_l^k$. La fonction d'appariement $\mathcal{M}_{svqTreeT}$ est donnée par :

$$\mathcal{M}_{svqTreeT}(x_i, k) = y_j, \text{ such as } j = \arg\min_l ||x_i - \hat{y}_l^k||^2 \quad (4.2)$$

Nous pouvons classer notre approche d'appariement parmi les méthodes d'appariement

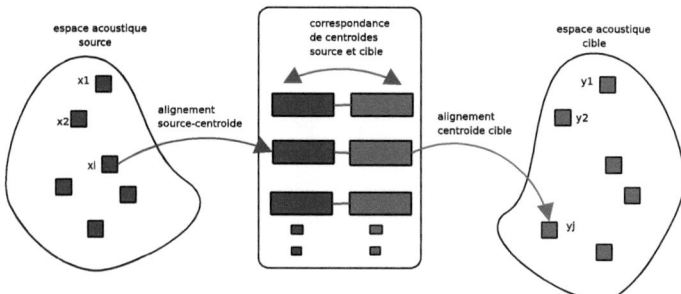

FIGURE 4.6 – Description de la fonction de mapping par *svqTreeT*, en alignant les vecteurs sources aux vecteurs cibles, en passant par la correspondance des centroïdes source et cible.

de classes, comme le fait (Sündermann *et al.*, 2004), mais au lieu de faire un appariement plat, on traite le cas de décomposition hiérarchique d'arbre, afin de réduire au mieux l'écart entre les espaces acoustiques source et cible. Par la suite, nous allons présenter les résultats obtenus avec leurs commentaires.

4.3 Résultats et discussion

4.3.1 Alignement par svqTree

Dans cette étude, on cherche à estimer la performance de la fonction d'alignement svqTree en la comparant à celle de la DTW. Pour chaque i^{th} phrase $X_i = \{x_{i,1} \ldots x_{i,n_i}\}$ de longueur n_i (sous-ensemble de X), Nous avons mesuré la distance cumulée *Acumulated Distance*(AD) entre les séquences appariées source et cible :

$$AD.(X_i) = \sum_{j=1}^{n_i} ||x_{i,j} - \mathcal{M}.(x_{i,j})||^2 \qquad (4.3)$$

Nous avons utilisé successivement $\mathcal{M}_{DTW}$, $\mathcal{M}_{svqTreeC}$ et $\mathcal{M}_{svqTreeT}$ comme fonctions d'appariement.

Les expériences ont été menées sur la même base de locuteurs anglais bdl et jmk issus du corpus Arctic.

La méthodologie appliquée est la suivante : 105 phrases (24609 vecteurs) définissent le corpus d'apprentissage, 90 phrases (22677 vecteurs) définissent l'ensemble de test. A des fins expérimentales, on dispose de phrases parallèles à la fois pour l'apprentissage

methode de correspondance	base d'apprentissage	base de test
$AD_{svqTreeC}$	8236 ± 95	8170 ± 74
$AD_{svqTreeT}$	8053 ± 90	8009 ± 68
AD_{DTW}	7333 ± 86	7310 ± 62

TABLE 4.4 – Les intervalles de confiance à 95% qui correspondent aux scores de distance cumulée sur les bases d'apprentissage et de test. On présente un score moyen estimé sur les 16 différentes expériences.

et le test. Le choix des phrases est fait de manière aléatoire.

Sur le corpus d'apprentissage, nous effectuons les opérations suivantes :

1. Alignement svqTree entre les vecteurs MFCC (*source* et *cible*) par deux techniques : svqTree-C et svqTree-T.
2. Calcul de la distance entre vecteurs source et vecteur alignés et accumulation sur toute la phrase.

De manière à estimer des distances cumulées moyennes associées à des intervalles de confiance fiable, le processus complet depuis la séparation entre corpus d'apprentissage et corpus de test a été réitéré 16 fois. En moyenne, le nombre de feuilles du svqTree obtenu est de 9201, et sa profondeur maximale est de 14 niveaux.

Le tableau 4.4 présente les distances cumulées entre source et cible pour les 3 fonctions d'appariement étudiées. D'une part, nous pouvons observer que la distance cumulée pour l'approche DTW est inférieure à celles de *svqTreeC* et *svqTreeT*. Cela n'est pas surprenant, du fait que le svqTree n'utilise pas l'information parallèle, alors que le DTW le fait. De plus, son apprentissage est non-supervisé et ne requiert aucune adaptation.

D'autre part, le tableau 4.4 montre que le *svqTreeT* donne une distance cumulée de 2% de moins que le *svqTreeC*, (la différence est statistiquement significative). Cela est dû au fait que la première utilise des vecteurs acoustiques de la base d'apprentissage tandis que la deuxième utilise des vecteurs moyens de classes. Pour cela, on a opté pour l'utilisation de l'approche *svqTreeT* pour la suite.

4.3.2 Discussion

4.3.2.1 Evaluation du système de conversion

Nous avons appliqué la DTW et le *svqTreeT* sur la base d'apprentissage afin de créer deux corpus appariés (resp. *corpus-svqTree* et *corpus-DTW*). Deux ensembles de GMM

Nombre de Gaussiennes	2	4	8	16
$e_{DTW}(\mathcal{F}_{DTW})$	0.405	0.399	0.395	0.391
$e_{DTW}(\mathcal{F}_{svqTreeT})$	0.476	0.470	0.485	0.490
$e_{svqTreeT}(\mathcal{F}_{DTW})$	0.390	0.392	0.403	0.420
$e_{svqTreeT}(\mathcal{F}_{svqTreeT})$	0.373	0.349	0.317	0.295

TABLE 4.5 – Erreur de conversion pour le modèle de Kain, pour différentes composantes 2, 4, 8 et 16, on utilise les fonctions de conversion DTW ($\mathcal{F}_{DTW}$) et svqTreeT ($\mathcal{F}_{svqTreeT}$). Les erreurs sont normalisées par le modèle svqTreeT.

conjoints de 2, 4, 8 et 16 composantes ont été appris sur ces deux corpus. Les GMM appris sont utilisés pour transformer les phrases de test avec la méthode proposée par Kain (Kain et Macon, 1998). La méthode de conversion de Kain *joint-full* a été choisie, en se référant aux résultats obtenus dans la section 3.4.2 du chapitre 3 (voir aussi (Mesbahi *et al.*, 2007a)).

Afin d'évaluer la performance du système de conversion, nous calculons la distance moyenne entre les locuteurs cible et transformé, puis nous normalisons par la distance entre la source et la cible (distance cepstrale normalisée). L'erreur de conversion normalisée nous permet de comparer les appariements de DTW et de *svqTreeT* représentés par *corpus-DTW* et *corpus-svqTree*. En conséquence, nous avons calculé trois types d'erreurs : e_{DTW} est normalisée suivant le *corpus-DTW*, $e_{svqTree}$ suivant le *corpus-svqTree* et e suivant les deux corpus. En effet, en utilisant uniquement la normalisation par *corpus-DTW*, cela entraîne un biais qui permet de favoriser l'appariement de DTW.

Les erreurs sont calculées comme suit :

$$e_{DTW}(\mathcal{F}.(X_i)) = \frac{\sum_{j=1}^{n_i}||\mathcal{F}.(x_{i,j}) - \mathcal{M}.(x_{i,j})||^2}{\sum_{j=1}^{n_i}||x_{i,j} - \mathcal{M}_{DTW}(x_{i,j})||^2} \quad (4.4)$$

$$e_{svqTreeT}(\mathcal{F}.(X_i)) = \frac{\sum_{j=1}^{n_i}||\mathcal{F}.(x_{i,j}) - \mathcal{M}.(x_{i,j})||^2}{\sum_{j=1}^{n_i}||x_{i,j} - \mathcal{M}_{svqTreeT}(x_{i,j})||^2} \quad (4.5)$$

$$e(\mathcal{F}.(X_i)) = \frac{\sum_{j=1}^{n_i}||\mathcal{F}.(x_{i,j}) - \mathcal{M}.(x_{i,j})||^2}{\sum_{j=1}^{n_i}\sqrt{||x_{i,j} - \mathcal{M}_{DTW}(x_{i,j})||^2||x_{i,j} - \mathcal{M}_{svqTreeT}(x_{i,j})||^2}} \quad (4.6)$$

Avec $\mathcal{F}.$ la fonction de conversion à base de GMM, dérivée soit de *corpus-DTW* ($\mathcal{F}_{DTW}$) ou à partir de *corpus-svqTree* ($\mathcal{F}_{svqTreeT}$).

Nombre de Gaussiennes	2	4	8	16
$e\,(\mathcal{F}_{DTW})$	0.354	0.348	0.343	0.348
$e\,(\mathcal{F}_{SVQTreeT})$	0.374	0.365	0.358	0.359

TABLE 4.6 – Erreur de conversion avec le modèle de Kain, pour les différentes composantes 2, 4, 8 et 16, on utilise les fonctions de conversion DTW ($\mathcal{F}_{DTW}$) et $svqTreeT$ ($\mathcal{F}_{svqTreeT}$). Les erreurs sont normalisées avec DTW et $svqTreeT$ (l'intervalle de confiance est de 0.004).

Les tableaux 4.5 et 4.6 montrent les erreurs de conversion sur la base de test de 90 phrases. Les intervalles de confiances à 95% sont évalués autour de 10^{-3}.

Pour le $svqTreeT$ le tableau 4.5 nous montre que lorsque le nombre de Gaussiennes augmente, $e_{DTW}(\mathcal{F}_{svqTreeT})$ augmente et $e_{DTW}(\mathcal{F}_{DTW})$ diminue. Inversement on remarque que $e_{svqTreeT}(\mathcal{F}_{svqTreeT})$ diminue, alors que $e_{svqTreeT}(\mathcal{F}_{DTW})$ augmente.

Ce comportement est justifié par le fait que l'erreur de normalisation (équations 4.4 et 4.5) ne tient pas compte des deux appariements $\mathcal{M}_{DTW}$ et $\mathcal{M}_{svqTreeT}$ dans le dénominateur et par conséquent cela introduit un biais de calcul. Par la suite, nous avons évalué l'erreur de normalisation (équation 4.6) pour tenir compte de cette remarque.

Le tableau 4.6 utilise l'équation 4.6. Il nous permet de comparer les scores normalisés indépendemment de la fonction de transformation. Il est confirmé que les erreurs de conversion (transformation à base de $svqTreeT$ et DTW) diminuent lorsque le nombre des Gaussiennes augmente.

A partir des résultats présentés au tableau 4.5, nous pouvons dire que la méthode d'appariement par $svqTreeT$ donne un score de conversion comparable à la DTW **sans utiliser un corpus parallèle.**

De plus, à partir du tableau 4.5 on calcule le facteur de distorsion relative entre $e_{DTW}(\mathcal{F}_{svqTreeT})$ et $e_{DTW}(\mathcal{F}_{DTW})$. Il est situé entre $17,5\%$ (2 Gaussiennes) et $25,3\%$ (16 Gaussiennes). Ce facteur signifie que plus on s'écarte de la classification binaire, plus l'erreur de conversion augmente. Cette augmentation est justifiée par le fait que notre appariement est basï£¡ sur une dï£¡composition hiï£¡rarchique binaire. Ce facteur de distorsion est comparable aux autres alternatives à la DTW, proposées par (Sündermann et al., 2004) et (Mouchtaris et al., 2004) qui sont effectuées sur d'autres bases.

On a remarqué dans le tableau 4.4 qu'une distance cumulée induite du $svqTreeT$ est supérieur à celle du DTW. D'autre part, les tableaux 4.5 montrent que cela n'affecte pas le système de conversion appris sur le *corpus-svqTree*.

Afin d'exprimer l'appariement du modèle $svqTreeT$ sur des données non-parallèles, nous avons tracé les trajectoires de la séquence cepstrale source appariée, en les comparant à la séquence cepstrale cible pour différentes phrases. Ces résultats sont illustrés dans la section suivante.

4.3.2.2 Trajectoires cepstrales

La figure 4.7 représente la trajectoire sur les 100 premières trames d'une phrase, du premier coefficient cepstral de la séquence cible (cible originale) et la séquence source apparié avec la DTW ("cible par DTW"). La figure 4.8 représente la même trajectoire comparée avec la séquence source appariée avec le *svqTreeT* ("cible par svqTree"). Ces figures montrent que la vitesse de variation de la trajectoire de la figure 4.8 est supérieure à celle de la figure 4.7. Ce comportement est observée sur tous les coefficients cepstraux des différentes phrases étudiées. On observe que la trajectoire de la séquence source appariée avec *svqTreeT* diverge souvent de la trajectoire cible. Ce comportement n'est pas observé avec la séquence source appariée avec la DTW. Cela revient au fait que la DTW cherche à trouver un alignement optimal entre deux séquences. Par conséquent, on obtient une trajectoire plus lisse. D'autre part, *svqTreeT* apparie localement chaque vecteur et n'utilise pas l'information parallèle. Dès lors, *svqTreeT* n'effectue pas ce lissage.

4.3.2.3 Calcul du RMS (*Root Mean Square*)

Nous avons vu que la représentation des trajectoires des paramètres MFCC n'était pas suffisante, pour cela nous avons cherché à représenter les valeurs moyennes des paramètres MFCC pour la cible (d'origine, par *svqTreeT* et par DTW). Notre objectif est de comparer si la cible estimée respectivement par *svqTreeT* et par DTW sont proches de la cible d'origine. A cet effet, pour chacune des 90 phrases de test, nous avons calculé le RMS de chaque dimension MFCC pour la cible (d'origine, par *svqTreeT* et par DTW).

On définit le score du RMS par dimension comme suit :

$$RMS_d(espace) = \sqrt{\frac{1}{n}\sum_{i=1}^{n}(MFCC_i^{(d)})^2}, \qquad (4.7)$$

RMS_d représente la racine carrée de la moyenne du d^{th} paramètre MFCC, *espace* représente soit la cible originale, celle obtenue par *svqTreeT* ou par DTW, le paramètre n correspond à la dimension de *espace*. La moyenne de $RMS_d(espace)$ est calculée avec un intervalle de confiance à 95%. La figure 4.9 montre le calcul du RMS pour

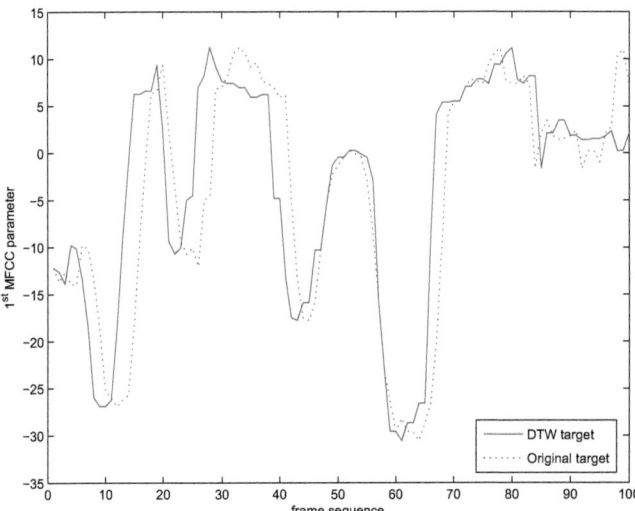

FIGURE 4.7 – Trajectoires du premier paramètre MFCC de la phrase cible (pointillé) et la phrase source appariée avec une DTW (continue)

les 13 paramètres MFCC. En premier, nous observons que les courbes se chevauchent. En second, leurs points d'observation se rapprochent, excepter le 1st (c_1), 5th et 10th paramètres MFCC. Sachant que ce rapprochement tient compte de 90 phrases de test, on peut dire que l'appariement de *svqTreeT* est comparable à la DTW. En plus, l'avantage est que le *svqTreeT* peut être appliquer sur des corpus non-parallèles.

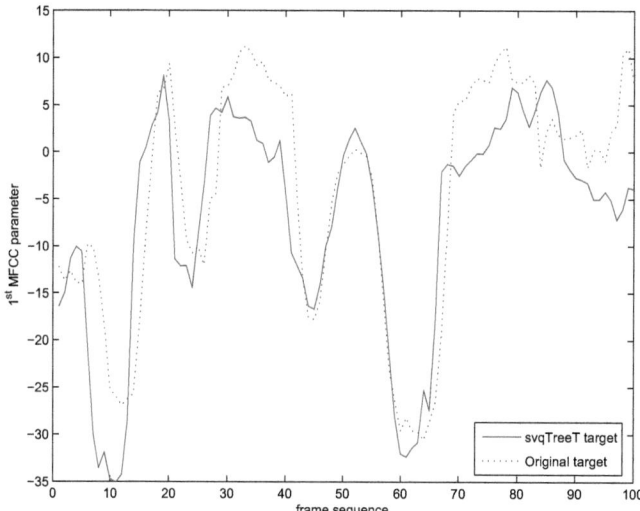

FIGURE 4.8 – Trajectoires du premier paramètre MFCC de la phrase cible (pointillé) et la phrase source appariée avec *svqTreeT* (continue)

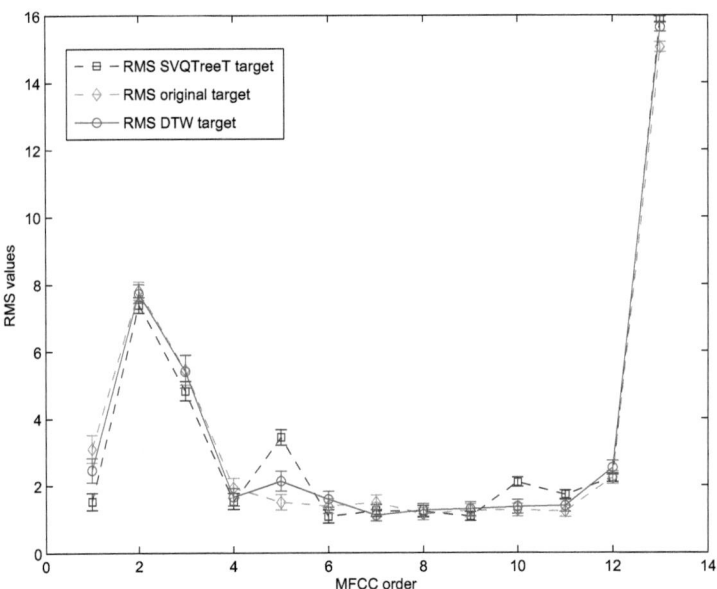

FIGURE 4.9 – Représentation des moyennes RMS pour les 13 paramètres MFCC de la cible (d'origine en diamond, par DTW en cercle et par svqTreeT en carré). L'intervalle de confiance est calculé sur les 90 phrases de test avec 95% de degré de confiance.

4.4 Influence de la variabilité du locuteur sur la conversion de voix

Les performances des systèmes d'identification de locuteur, de reconnaissance la parole ou de conversion de voix sont conditionnées par la variabilité du signal de parole (Huang et al., 2001). Cette variabilité peut avoir pour origine le moyen d'acquérir le signal de la parole (le type de microphone) mais surtout la qualité vocale propre au locuteur. Dans ce dernier cas, on distingue la variabilité intra et inter-locuteur. La variabilité intra-locuteur est due au mode d'élocution, à l'état de santé du locuteur, à son état de stress. La variabilité inter-locuteur, elle, est due aux différences morphologiques et socio-linguistiques des personnes qui influencent les caractéristiques du signal sonore produit (comme le timbre, la hauteur, la nasalité, etc) ainsi qu'au mode d'élocution (vitesse d'élocution, accents, etc).

Dans les systèmes de reconnaissance de la parole, on cherchera à lisser les variabilités intra et inter locuteurs par des mécanismes de normalisation et/ou d'adaptation. Une normalisation consiste à transformer le signal de parole d'un locuteur vers celui d'un locuteur moyen, pour lequel le système de reconnaissance a été développé. Il faut noter que la technique du *VTLN* (Vocal Tract Length Normalization) est très utilisée (Kamm et al., 1995), surtout pour réduire l'impact de la variabilité temporelle et fréquentielle. L'adaptation, en revanche, modifie le système moyen en l'enrichissant des particularités du locuteur à traiter. Les principaux représentants des techniques d'adaptation sont le maximum a posteriori *MAP* et le maximum de vraisemblance appliqué à une régression linéaire multiple *MLLR* (Leggeter et Woodland, 1995). Dans un contexte similaire, d'autres techniques sont développées au cœur des systèmes de vérification et d'identification de locuteurs, par exemple l'adaptation bayésienne (Reynolds et al., 2000a).

Les systèmes de conversion de voix ont souvent pour objectif de convertir exclusivement une voix source vers une voix cible. Aussi, les variabilités inter et intra locuteurs sont peu étudiées. Pourtant, la plupart des méthodes de conversion reposent sur une modélisation des voix sources et cibles. Or, la qualité de ces modélisations dépend fortement de la variabilité intra-locuteur. En effet, une faible variabilité intra locuteur risque de sur-entraîner les modèles de transformation là où un nombre égal de phrases d'entraînement pour une voix à forte variabilité donnera des modèles plus conformes à la réalité. De même, la différence entre les modèles de voix source et cible ainsi que l'exploitation de cette différence que font les systèmes pour convertir une voix dépendent de la variabilité inter-locuteur.

Nous cherchons, dans cette étude, à mettre en évidence l'influence de la variabilité du locuteur sur des systèmes de conversion à base de GMM. Plus particulièrement, nous mesurerons objectivement le pouvoir de conversion de ces systèmes lorsque les voix source et cible sont plus ou moins proches du point de vue supra-segmental. De plus, nous proposons d'utiliser une fonction de conversion dont l'estimation est moins sujette au sur entraînement. Enfin, nous proposons une méthode d'appariement visant à réduire l'influence du rythme d'élocution sur la conversion. A cet effet, nous comparons l'influence des techniques d'alignement temporel dynamiques (DTW) sur la conversion de voix fortement éloignées du point de vue supra-segmental (vitesse d'élocution différente, tout particulièrement). On propose d'utiliser l'approche *svqTree* permettant de faire un alignement sans être influencé par les vitesses d'élocution, du fait que *svqTreeT* apparie localement les vecteurs source et cible et n'utilise pas l'information parallèle comme le fait la DTW. Cette technique d'alignement repose sur un appariement hièrarchique de classes acoustiques.

4.4.1 Transformation par GMM avec prise en compte du *svqTree*

Un système de transformation de voix à base de GMM nécessite un corpus de données appariées venant d'un locuteur source et d'un locuteur cible. La qualité de cet appariement influence fortement les performances de la conversion. En effet, deux vecteurs appariés sont censés appartenir à une classe de contenu segmentale identique. Une différence entre ces deux vecteurs apporte alors une distinction sur la qualité vocale entre les deux locuteurs.

Considérons une base de données comprenant deux séquences de vecteurs acoustiques de dimension q, l'une correspond à la voix source $X = [x_1, \ldots, x_N]'$ et l'autre à la voix cible $Y = [y_1, \ldots, y_N]'$. La séquence Y est obtenue à partir de la séquence X par une fonction de correspondance $\mathcal{M}$ de la façon suivante : $y_i = \mathcal{M}(x_i), \forall i \in [1 \ldots N]$ Cette fonction de correspondance est généralement une DTW et s'applique à des corpus parallèles. L'autre technique de correspondance que nous proposons est la *svqTree*, qui peut s'appliquer à des corpus parallèles et non parallèles.

La méthodologie d'apprentissage et la fonction de conversion basées sur le modèle GMM sont expliquées dans le chapitre 3.

4.4.2 Techniques d'appariement étudiées

4.4.2.1 Appariement par alignement temporel dynamique

Comme vu section 4.4.1, un système de conversion de voix doit disposer de données source $X = [x_1, \ldots, x_N]'$ et cible $Y = [y_1, \ldots, y_N]'$ alignées pour construire sa fonction de transformation. Classiquement, cet appariement est obtenu par un alignement temporel dynamique, DTW, (Sakoe et Chiba, 1978) utilisé sur des séquences parallèles (les locuteurs source, $X' = [x'_1, \ldots, x'_M]'$, et cible, $Y' = [y'_1, \ldots, y'_N]'$ ont prononcé la même phrase). La DTW met en relation chaque vecteur de la séquence cible avec un vecteur de la séquence source se trouvant dans une plage temporelle réduite.

La recherche du vecteur à apparier est ainsi conditionnée par la minimisation d'une fonction de coût tenant compte de la proximité temporelle des vecteurs source et cible. La structure obtenue est un graphe dont les noeuds sont des couples de vecteurs, des arcs, et des coûts. Plusieurs versions de DTW ont été proposées, faisant varier cette fonction de coût et ainsi le poids total des arcs (Sakoe et Chiba, 1978).

4.4.2.2 Appariement par décomposition hièrarchique binaire

La technique proposée, *svqTree*, comme elle a été décrite dans la section 4.2.2.2, est une méthode d'appariement par décomposition hièrarchique. Dans une phase d'apprentissage, les ensembles de vecteurs source et cible sont partitionnés de façon hièrarchique et appariés à chaque niveau.

La phase d'apprentissage peut s'effectuer sur des données parallèles comme non-parallèles. En effet, l'arbre construit permet d'apparier deux vecteurs au cours d'une phase de classification locale ne tenant pas compte des classification des vecteurs précédents. Il est ainsi possible d'utiliser cette technique d'appariement sur des données parallèles ou des données s'éloignant de cette hypothèse, dans le cas où les vitesses d'élocution de la source et la cible varient fortement.

La méthodologie et l'algorithme de décomposition sont décrits dans la section 4.2.2.2.

4.4.3 Etude expérimentale

4.4.3.1 Protocole expérimental

Nous proposons trois expériences pour chercher à évaluer l'influence du style d'élocution sur les performances de systèmes de conversion à base de GMM.

La première *bdl2jmk* a pour but de convertir la voix du locuteur *bdl* en celle de *jmk*. Ces deux locuteurs anglophones masculins sont issus de la base Arctic (Kominek et Black, 2003) et sont considérés comme étant proche du point de vue supra-segmental. L'objectif de cette expérience est de fournir un niveau de référence permettant d'évaluer le pouvoir de conversion des systèmes.

La deuxième expérience *jmf2jnf* convertit la voix de *jmf* en celle de *jnf*, voix issues de la base BREF 120 (Lamel *et al.*, 1991). Ces deux voix de femmes en français ont été choisies à la suite d'une expérience d'évaluation subjective (Blin *et al.*, 2008) visant à déterminer les couples de voix les plus dissemblables du point de vue supra-segmental. La question posée lors du test était : "*Would you qualify the elocution style (intonation, speech rate, etc.) of these two voices as completely different, different, comparable, similar or identical*". De fait, *jnf* présente un rythme d'élocution beaucoup plus lent et moins fluide que *jmf*. La dernière expérience (*jnf2jmf*) a pour but de convertir la voix de *jnf* en celle de *jmf* et ainsi de mettre en évidence une éventuelle dissymétrie introduite par la méthode d'alignement.

Les expériences *bdl2jmk*, *jmf2jnf* et *jnf2jmf* ont été répétées 16 fois chacune, depuis la sélection des corpus d'apprentissage jusqu'à l'étape de transformation des vecteurs acoustiques, afin de donner des scores de conversion avec un intervalle de confiance à 95%. Pour *bdl2jmk*, 52 phrases définissent le corpus d'apprentissage (soit 13000 vecteurs MFCC), 90 phrases définissent l'ensemble de test. Pour *jmf2jnf* et *jnf2jmf*, 34 phrases d'apprentissage (soit 25000 et 30000 vecteurs) et 16 phrases pour le test. A des fins de validation expérimentale, on dispose de phrases parallèles à la fois pour l'apprentissage et le test ainsi que d'un jeux de phrases non-parallèles n'appartenant à aucun des sous ensembles cités. Le choix des phrases est fait de manière aléatoire.

Sur le corpus d'apprentissage, nous effectuons les opérations suivantes :

1. Calcul des vecteurs MFCC (fréquence d'échantillonnage à 16 Khz, fenêtrage de Hamming sur 30ms, pas d'analyse de 10ms). L'ordre des MFCC est fixé à 13.

2. Alignement entre les vecteurs MFCC (*source et cible*) par deux techniques : DTW et *svqTree*.

3. Apprentissage des paramètres du modèle GMM (moyenne, covariance, coefficients du mélange). Les estimations sont conjointes source/cible. Les modèles source ou cible sont obtenus par marginalisation du modèle conjoint. Des modèles GMM 8 et 32 composantes ont été calculés pour DTW et *svqTree*.

4. Enfin, conversion des vecteurs MFCC *source* par application des techniques de conversion décrites précédemment (*joint-full* et *gamma-vector*).

Les appariements des vecteurs d'apprentissage ont été effectués par DTW et par svqTree. En appliquant l'appariement par *svqTree*, le nombre moyen de centroides alignés (source et cible) obtenu pour *jmf2jnf*, *jnf2jmf* et *bdl2jmk* est respectivement de 5000, 6000 et 7000, appris sur les bases d'apprentissage.

4.4.3.2 Evaluation sur plusieurs bases

Les scores de conversion sont estimés à la fois sur le corpus de test et sur le corpus d'apprentissage comme suit :

$$e(\hat{c}^s, c^t) = \frac{\sum_{i=1}^{N} ||\hat{c}_i^s - c_i^t||^2}{\sqrt[3]{\sum_{i=1}^{N} ||c_i^s - c_i^t||^2 \sum_{i=1}^{N} ||c_i^t - \bar{c}_i^t||^2 \sum_{i=1}^{N} ||c_i^s - \bar{c}_i^s||^2}} \quad (4.8)$$

avec $\hat{c}^s$ le vecteur source transformé, c^t le vecteur cible, c^s le vecteur source et $\bar{c}^t$ et $\bar{c}^s$ les moyennes des vecteurs cible et source.

Le calcul de cette erreur repose sur une distance cepstrale séparant la séquence transformée de la séquence cible. Afin de prendre en compte la difficulté de cette transformation introduite par la spécificité de la base et ainsi comparer l'effet d'un même système de conversion sur différentes bases, nous normalisons cette distance par des valeurs intrinsèques à la base. La normalisation comprend trois termes (dénominateur de l'équation 4.8). Le premier est la distance cepstrale entre source et cible. C'est une valeur basée sur une mesure segmentale qui représente une variabilité inter-locuteurs. Elle est obtenue par alignement (DTW ou *svqTree*) des vecteurs de test source et cible et dépend donc de la technique d'appariement utilisée. Ainsi, dans le reste de cet article, les scores de conversion obtenus après apprentissage DTW (resp. *svqTree*) seront normalisés par un alignement DTW (resp. *svqTree*). Les deux derniers termes sont les variances des locuteurs cible et source et représentent la variabilité intra-locuteurs.

4.4.3.3 Alignement par DTW et style d'élocution

Dans la section 4.4.3.1, nous avons vu que les locuteurs *jmf* et *jnf*, bien qu'ayant des timbres semblables, ont des styles d'élocution très différents (*jnf* présente un rythme d'élocution beaucoup plus lent et moins fluide que *jmf*). De fait, on peut considérer que des phrases prononcées par ces deux locuteurs s'éloignent de l'hypothèse de parallélisme nécessaire à l'application efficace de la DTW. Pour évaluer cette hypothèse, nous avons évalué l'efficacité de la DTW par rapport au sens d'une conversion. Le tableau 4.7 regroupe les scores de conversion des trois expériences *bdl2jmk*, *jmf2jnf* et *jnf2jmf*. On observe que les scores de conversion sur ces trois expériences sont comparables (à transformée, corpus de test et GMM égaux). On peut donc avancer que les fonctions de conversions utilisées sont aussi efficaces sur Arctic que sur BREF 120, même s'il n'existe pas de moyen objectif de comparer correctement les scores sur ces deux bases.

Le point intéressant est que les scores diffèrent significativement entre *jmf2jnf* et *jnf2jmf* qui eux, sont comparables. Il est plus aisé de convertir la voix de *jmf* en celle de *jnf* que l'inverse. Cette dissymétrie est introduite par la DTW qui contraint un appariement proche de la diagonale. Par ailleurs, on a mesuré la distance cumulée proposée par la DTW sur les corpus d'apprentissage pour ces deux expériences. Pour *jmf2jnf*, la distance cumulée moyenne est de 611.7 ± 5.1 et pour *jnf2jmf*, elle est de 623.8 ± 3.3. D'autre part, les scores obtenus pour les deux types de transformation *joint-full* et *gamma-vector*, révèlent que ce dernier est susceptible d'être plus résistant au sur-apprentissage. Cette caractéristique va être prise en compte dans la suite des expériences.

Bases	Transformées	GMM 8	
		Apprentissage	Test
bdl2jmk	joint-full	0.435 ± 0.003	0.455 ± 0.002
	gamma-vector	0.475 ± 0.003	0.481 ± 0.003
jmf2jnf	joint-full	0.490 ± 0.006	0.502 ± 0.011
	gamma-vector	0.528 ± 0.006	0.530 ± 0.010
jnf2jmf	joint-full	0.503 ± 0.005	0.529 ± 0.009
	gamma-vector	0.544 ± 0.004	0.556 ± 0.008
Bases	Transformées	GMM 32	
		Apprentissage	Test
bdl2jmk	joint-full	0.408 ± 0.003	0.471 ± 0.002
	gamma-vector	0.443 ± 0.003	0.468 ± 0.002
jmf2jnf	joint-full	0.467 ± 0.006	0.509 ± 0.011
	gamma-vector	0.494 ± 0.006	0.510 ± 0.011
jnf2jmf	joint-full	0.481 ± 0.005	0.537 ± 0.09
	gamma-vector	0.515 ± 0.005	0.539 ± 0.008

TABLE 4.7 – Comparaison de la distance cepstrale normalisée entre la source et la cible pour *joint-full* et *gamma-vector*. Par colonne, les différentes composantes GMM (8 et 32). Par ligne, les différents corpus (*bdl2jmk*, *jmf2jnf* et *jnf2jmf*) avec les transformations *joint-full* et *gamma-vector*.

4.4.3.4 Alignement svqTree avec corpus parallèle

Le but de cet ensemble d'expériences est d'apprendre des fonctions de conversion sur des données s'éloignant de l'hypothèse parallèle. Pour cela, nous utilisons la technique *svqTree* qui apparie localement les vecteurs, c'est-à-dire sans prendre en compte la séquence des vecteurs. Cette technique n'exploite donc pas les relations temporelles entre vecteurs et, par conséquent, fournit un alignement similaire que les données d'apprentissage soient parallèles ou qu'elles s'en éloignent.

Nous effectuons donc des alignements par *svqTree* pour les expériences *bdl2jmk*, *jmf2jnf* et *jnf2jmf*. Le système de conversion choisit est *gamma-vector*, car dans une expérience préliminaire nous avions remarqué que cette transformée est plus adaptée au *svqTree* par rapport à *joint-full*. La figure 4.10 représente les scores obtenus pour des GMMs à 8, 16 et 32 composantes.

On observe deux caractéristiques :
- Tout d'abord, les scores de jmf2jnf sont meilleurs que ceux de jnf2jmf, quelque soit le type d'alignement (DTW ou *svqTree*). Cela est fortement lié au style d'élocution, car jnf présente un rythme d'élocution beaucoups plus lent et moins fluide que jmf. En plus les scores observés sur DTW sont moins bons que sur *svqTree*, cela revient au fait que la variabilité intra-locuteurs de jnf et jmf est supérieure dans l'alignement DTW à celle de *svqTree* (voir variance globale de jmf et jnf, tableau 4.8).
- Concernant l'expérience *bdl2jmk*, on remarque que les courbes de DTW et *svqTree* se resserrent, cela est dû au rapprochement de style d'élocution de bdl et jmk. Toutefois, on observe que la *svqTree* se comporte mieux par rapport à la DTW, car l'approche *svqTree* a une tendance vers un alignement de centroides, donc moins influencés par la variabilité intra-locuteurs (voir variance globale de bdl et jmk, tableau 4.8).

Variance globale	Locuteurs			
	bdl	jmk	jmf	jnf
svqTree	931,71	593,75	819,08	805,95
DTW	945,84	706,57	837,81	810,88

TABLE 4.8 – Comparaison de la variance globale entre DTW et *svqTree* sur le corpus de test Par colonne, les différentes alignements. Par ligne, les différentes bases utilisées.

4.4.3.5 Alignement svqTree avec un corpus non parallèle

Nous présentons dans le tableau 4.9 les scores obtenus pour le *svqTree* sur deux corpus non-parallèles de l'expérience *jnf2jmf* et *jmf2jnf*. De façon évidente, il est impossible d'obtenir un alignement d'entraînement sur ce genre de données avec DTW. On remarque que les scores obtenus sont comparables à ceux obtenus par *svqTree* sur des données parallèles. Ceci démontre la capacité de *svqTree* à opérer sur des espaces acoustiques bien différents.

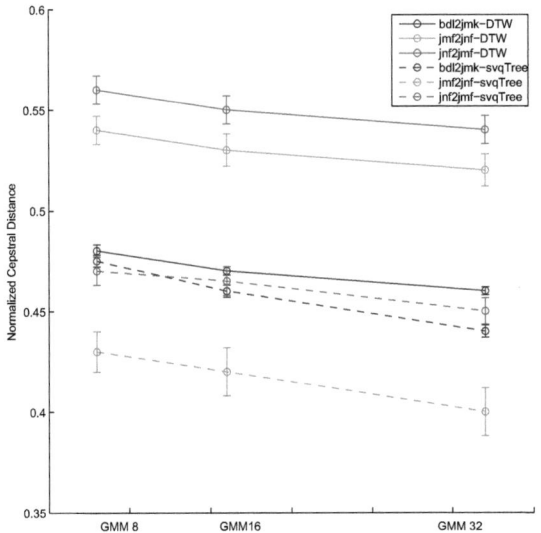

FIGURE 4.10 – Comparaison des alignements DTW et *svqTree* sur les bases *bdl2jmk*, *jmf2jnf* et *jnf2jmf*, en considérant la transformation *gamma-vector* pour les différentes composantes GMM (8, 16 et 32).

Bases	DTW	svqTree	
		$GMM8$	$GMM32$
jmf2jnf	☐	0.429 ± 0.011	0.407 ± 0.017
jnf2jmf	☐	0.493 ± 0.011	0.450 ± 0.012

TABLE 4.9 – Comparaison entre DTW et *svqTree* sur deux corpus non-parallèles (*jmf2jnf* et *jnf2jmf*). La transformée utilisée est *gamma-vector*. Par colonne, les différentes composantes GMM (8 et 32). Par ligne, les différentes bases utilisées. Le symbole ☐ signifie que l'alignement n'a pu être effectué par DTW.

4.5 Conclusion

Lorsque nous sommes confrontés à des données d'apprentissage non-parallèles, nous pouvons utiliser une nouvelle méthode d'appariement sur des corpus de parole pour différents locuteurs. L'idée s'articule sur une décomposition hièrarchique et une correspondance progressive des espaces acoustiques. A Chaque niveau du processus de partition, la recherche du cluster acoustique cible à apparier avec le cluster source, est limité à un ensemble restreint de clusters définis par l'appariement au niveau supérieur. Ainsi, deux arbres de clusters parallèles sont formées (l'un pour la source, l'autre pour la cible). En conséquence, le *svqTree* est totalement non-supervisée et produit un appariement entre deux corpus non-parallèles. En dépit de notre approche qui ne donne pas une distance cumulée meilleure que la DTW, le système de transformation utilisant ce nouveau mapping, obtient un score comparable à ceux utilisant la DTW.On doit mentionner que cette technique d'appariement a été présenté dans la conférence EUSIPCO'08 (Mesbahi *et al.*, 2008).

L'étude de l'influence de la variabilité du locuteur sur la conversion de voix a révélé deux caractéristiques. Tout d'abord que le style d'élocution du locuteur source influence directement la qualité de la conversion et qu'un segmental proche entre source et cible favorise une meilleure qualité de conversion. Dans un second objectif, nous avons constaté que l'approche *svqTree* n'est pas une alternative à la DTW lorsqu'on dispose de corpus parallèles. Cependant, elle reste une solution dans des situations où les locuteurs source et cible ne prononcent pas les mêmes phrases.

Chapitre 5

Transformation non-linéaire avec des fonctions à base radiale

5.1 Introduction

Un modèle de transformation est caractérisé par les degrés de liberté de sa fonction de transformation (voir chapitre 3). Nous avons vu au cours des chapitres précédents que si la quantité de données d'apprentissage n'est pas suffisante par rapport aux degrés de liberté des modèles mis en œuvre, on obtient une mauvaise qualité de conversion (Mesbahi et al., 2007b). Donc, la solution idéale consiste à proposer un modèle avec un nombre de degrés de liberté minimal couvrant une quantité de données maximale.

La plupart des études faites sur la conversion de voix s'articulent autour des modèles de transformation linéaire à base de GMM. Face à des phénomènes non linéaires comme on peut le supposer en parole, l'usage de modèles linéaires nécessite de prendre en compte un nombre important de paramètres pour capter ces non linéarités. Le défaut à reprocher est que ces modèles linéaires par morceaux deviennent vite instables face au peu de données d'apprentissage. Face à cette situation, on propose d'étudier un modèle de transformation non-linéaire. Nous avons fait le choix de mettre en œuvre des fonctions à base radiale (RBF) *Radial Basis Function*.

Les RBFs sont considérés comme des approximateurs universels (Chen et al., 1989), (Karyanis, 1999), qui peuvent tenir compte des caractéristiques intrinsèques de chaque locuteur. L'étude faite par (Watanabe et al., 2002) révèle que l'approche RBF donne de bonnes performances objectives et subjectives.

Notre contribution s'inspire de l'approche proposée par (Iwahashi et Sagisaka, 1995a), qui consiste à transformer la voix en utilisant une interpolation multi-locuteurs, en se basant sur l'usage de RBF. Les résultats obtenus montrent une réduction de la distorsion spectrale de l'ordre de 35% entre la source et la cible. Cette approche développée reste insuffisante, du fait qu'on ne connaît pas les conditions nécessaires exigées sur le nombre de locuteurs et le nombre de phrases prononcées par chacun.

Le modèle que nous proposons est une transformation entre deux locuteurs (source et cible), sous l'hypothèse qu'on a peu de données enregistrées sur la cible. Comme le modèle est non-linéaire, il nécessite moins de degrés de liberté qu'un modèle linéaire pour effectuer cette tâche. On proposera une comparaison objective avec le modèle GMM, le but est de construire un système de conversion de voix qui tient compte d'un espace de données réduit.

Ce chapitre est organisé comme suit. Dans la section 5.2 la technique de conversion non-linéaire à base de RBF est détaillée. La section 5.3 décrit la méthodologie expérimentale employée. Enfin, avant de conclure, la section 5.3.2 commente les résultats obtenus.

5.2 Transformation non-linéaire à base de RBF

Les réseaux de fonctions à base radiale sont utilisés en approximation de fonction, en classification, et notamment en reconnaissance de parole. Leur but est d'approcher un comportement désiré par un ensemble de fonctions, appelées noyaux. Un noyau est caractérisé par un centre c_k et un champ récepteur r (distance entre un vecteur et son centre). Les réseaux de fonctions à base radiale ont été étudiés et appliqués dans différentes disciplines compte tenu de leurs caractéristiques d'approximation et d'interpolation dans des espaces multidimensionnels. Il a été démontré que les RBFs peuvent approcher n'importe quelle fonction continue à plusieurs variables dans un domaine compact, si un nombre suffisant de neurones est présenté (Karyanis, 1999). La performance des réseaux RBF dépend du nombre, de la position des noyaux, de leurs formes et de la méthode utilisée pour l'apprentissage. Parmi les stratégies d'apprentissage (Karyanis, 1999), on peut citer :
- La stratégie de sélection aléatoire des centres
- La stratégie d'emploi des méthodes non supervisées pour le choix des centres.
- La stratégie d'emploi des méthodes supervisées.

Pour une modélisation de type RBF, il faut décrire l'architecture du réseau et le méthodologie d'apprentissage utilisée. On considère l'espace d'entrée qui va représenter la trame acoustique source et l'espace de sortie qui correspond à la trame acoustique cible. La figure 5.1 permet de décrire le modèle de transformation.

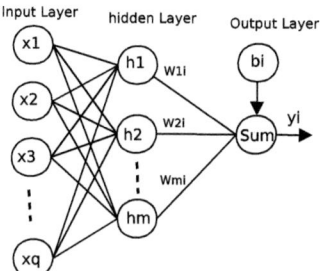

FIGURE 5.1 – Description de la transformation non-linéaire pour la i^{me} dimension d'un vecteur acoustique avec les fonctions à base radiale.

Formellement, la fonction de transformation non-linéaire par dimension peut être représentée sous la forme suivante :

$$\mathcal{F}(x_n)^i = \hat{y}_n^i = b_i + \sum_{k=1}^{m} w_{i,k} h_k(x_n), 1 \leq i \leq q \tag{5.1}$$

Tel que :

$$h_k(x_n) = \phi(||x_n - c_k||), 1 \leq k \leq m \tag{5.2}$$

c_k est le centre choisi à partir de la base d'apprentissage des vecteurs sources. La sélection des centres se fait par une méthode des k-moyennes (Karyanis, 1999) ou par un critère d'erreur maximale (Chen et al., 1989).

$h_k(x_n)$ est le noyau à base radiale correspondant au centre c_k et lié au vecteur x_n. Généralement un noyau peut prendre la forme d'une Gaussienne (équation 5.3) ou d'une Thin-plate-spline (équation 5.4).

$$\phi(r) = exp(-\frac{r^2}{\sigma_k^2}) \tag{5.3}$$

$$\phi(r) = r^2 log(r) \tag{5.4}$$

b_i représente le biais pour la i^{me} dimension de la cible. $w_{i,k}$ est le poids de pondération entre le k^{me} centre et la i^{me} dimension de la cible. m représente le nombre de centres choisit pour l'apprentissage. q représente la dimension du vecteur cible. σ_k est la variance du k^{me} champ récepteur.

L'apprentissage de la fonction de transformation consiste à estimer les poids de pondération w entre les vecteurs source et cible. La tâche peut être réaliser selon techniques : une approche par moindres carrées orthogonales (OLS) (Chen et al., 1989) ou par descente du gradient (Karyanis, 1999). Dans la suite de ce travail, nous nous sommes intéressés à l'approche par descente du gradient, du fait qu'on peut contrôler le nombre des centres au niveau de la couche cachée. La méthode OLS fixe ce nombre automatiquement si le seuil d'erreur est atteint (pour plus de détail sur la méthode voir annexe C).

5.2.1 Approche par descente du gradient

L'approche que nous avons développée s'articule en phases :
– Création des centroides de l'espace acoustique source par la méthode de k-means.
– Apprentissage des poids de pondération.

Le choix du noyau s'est porté sur une fonction gaussienne vue ses caractéristiques asymptotiques qui satisfont aux propriétés des fonctions radiales. Le problème majeur consiste à choisir ce noyau convenablement (centre et champ récepteur). En effet, si le noyau est trop étroit, la densité estimée devient discontinue et marquée par des piques ; si le noyau est trop large, l'estimation offre une grande tolérance et ne montre pas assez de détails fins sur la densité. Pour un compromis acceptable, il est préférable d'utiliser un noyau de largeur moyenne (voir figure 5.2).

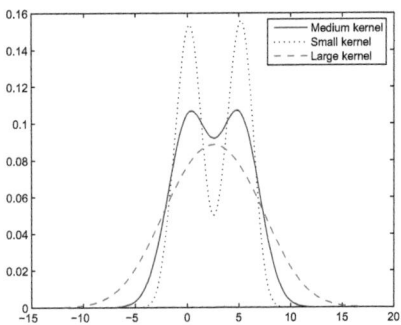

FIGURE 5.2 – Représentation de trois formes de noyaux (moyen(continu), large(discontinu) et étroit(pointillé)).

Pour apprendre la fonction de transformation, il est nécessaire de calculer les poids optimaux de pondération qui relient les paramètres du vecteur source avec ceux du vecteur cible. La fonction de transformation (équation 5.1) peut être réécrite sous la forme suivante :

$$\hat{y}_n^i = \sum_{k=0}^{m} w_{i,k} h_k(x_n), 1 \leq i \leq q \tag{5.5}$$

tel que $w_{i,0} = b_i$ et $h_0(x_n) = 1$

Un réseau RBF peut être appris en minimisant l'erreur E suivante :

$$E = \frac{1}{2} \sum_{n=1}^{N} \sum_{i=1}^{q} (y_n^i - \hat{y}_n^i)^2 \tag{5.6}$$

avec y_n le vecteur cible et $\hat{y}_n$ le vecteur transformé. Les paramètres de transformation correspondent aux poids de pondération w, qui seront modifiés selon une descente de gradient :

$$\delta w_i = -\xi \nabla_{w_i} E = \xi \sum_{n=1}^{N} \epsilon_{i,n} h_n \tag{5.7}$$

avec ξ le coefficient d'apprentissage et $\epsilon_{i,n}$ l'erreur de sortie, calculée comme suit :

$$\epsilon_{i,n} = y_n^i - \hat{y}_n^i \tag{5.8}$$

La mise à jour des poids se fait comme suit :

$$w_i^{iter} = w_i^{iter-1} + \xi \sum_{n=1}^{N} \epsilon_{i,n} h_n \tag{5.9}$$

Tel que $h_n = [h_0(x_n) h_1(x_n) ... h_m(x_n)]^T$. w_i^{iter} correspond à w_i à l'itération $iter$, sachant que $w_i = [w_{i,0} w_{i,1} ... w_{i,m}]^T$. On arrête le processus itératif lorsque le seuil sur l'erreur est atteint.

5.3 Expérimentation

5.3.1 Protocole expérimental

Notre étude est à nouveau réalisée sur la base *bdl-jmk*. La méthodologie appliquée est la suivante : 70% des phrases du corpus définissent l'ensemble d'apprentissage. Les

bdl-jmk-x	A	B	C	D	E
Nombre de phrases	52	21	10	2	1

TABLE 5.1 – Répartition des phrases sur les différents ratios de la taille des bases d'apprentissage.

30% restant définissent l'ensemble de test. Le choix des phrases est fait de manière aléatoire. Nous avons défini cinq corpus d'apprentissage, contenant chacun un nombre de phrase réduit (voir tableau 5.1).

Le processus complet depuis la séparation entre corpus d'apprentissage et corpus de test a été réitéré 16 fois, de manière à estimer des scores moyens associés à des intervalles de confiance.

Pour chaque corpus, nous effectuons les opérations suivantes :

1. Calcul des vecteurs MFCC (fréquence d'échantillonnage à 16 Khz, fenêtrage de Hamming sur 30ms, pas d'analyse de 10ms). L'ordre des MFCC est fixé à 13.

2. Alignement par DTW entre les vecteurs MFCC (*source* et *cible*).

3. Apprentissage des paramètres des modèles RBF et GMM conjoint (2, 4, 8, 16, 32 et 64 composantes pour les GMM).

4. Enfin, conversion des vecteurs MFCC *source* par application des techniques de conversion décrites par les équations 3.1 et 5.1.

Dans cette étude, on cherche à comparer la performance de la fonction de conversion linéaire par morceaux (GMM de type conjoint) (Kain et Macon, 1998) avec une fonction non-linéaire (RBF), en tenant en compte de la réduction du corpus d'apprentissage. Nous avons choisi de calculer le ratio des erreurs entre voix source/transformé et source/cible. A cet effet, on a utilisé le calcul de la distance cepstrale normalisée (voir équation 3.14).

5.3.2 Résultats et discussions

5.3.2.1 Effet de la variance

Dans cette expérience, nous avons évalué l'approche RBF sur la base de test bdl-jmk-A, en adoptant deux variantes :
– Variance(1), en adaptant la variance pour chaque noyau $h_k(x_n)$.
– Variance(2), en gardant la même variance pour les différents noyaux utilisés.

Le but est d'étudier le comportement de la transformation sous l'influence de cette variance. Les résultats décrits dans le tableau 5.2 représentent les erreurs de distorsion calculées pour les deux variantes. Ils nous montrent qu'en changeant la variance, les résultats restent comparables à ceux de la variance unifiée. Par conséquence, on a adopté la variance unifiée pour la suite des expériences.

#centroides	2	4	8	16	32	64
Variance(1)	0.62	0.52	0.45	0.42	0.41	0.40
Variance(2)	0.61	0.51	0.48	0.41	0.41	0.40

TABLE 5.2 – Erreurs de distorsion obtenus sur la base de test de bdl-jmk-A sur une seule expérience, Variance (1) : variance globale et Variance (2) : variance locale.

5.3.2.2 Trajectoire des paramètres cepstraux

D'après les modèles de transformation (équations 3.1 et 5.1), on a déduit que le degré de liberté du RBF est de l'ordre de $2mq+q$ (m représente le nombre de centroïdes) et le degré de liberté des GMM (*joint-full*) est de l'ordre de $M(2q^2 + 2q + 1)$ (M représente le nombre des composantes GMM). Pour illustrer le comportement sur les différents paramètres cepstraux, on a choisit de tracer à titre d'exemple trois trajectoires pour le 3me paramètre cepstral. La première trajectoire (en rouge) correspond à une transformée par GMM à 2 composantes, la deuxième (en bleu) correspond à une trajectoire de la transformée par RBF à 32 centroïdes (noyaux) et la dernière (en vert) correspond à la trajectoire de la cible. La comparaison d'un RBF à 32 centroïdes avec un GMM à 2 composantes, vient du fait d'équivalence des degrés de liberté de la fonction de transformation pour les deux approches.

D'après la figure 5.3, on observe que le modèle RBF génère une trajectoire plus lisse que le modèle GMM. Concernant le rapprochement des deux trajectoires à la cible, on ne peut pas juger lesquels des deux se rapprochent mieux de la cible. Dans le passage suivant, nous proposons une analyse plus détaillée en donnant des des scores moyens avec des intervalles de confiance de 95%.

5.3.2.3 Réduction des données d'apprentissage

Le but de cette expérience est d'évaluer les deux approches GMM et RBF sous l'effet d'une réduction des données d'apprentissage.

En observant le tableau de figures 5.4, on peut relever deux remarques importantes :
- Pour les bases bdl-jmk-A et bdl-jmk-B, qui contiennent respectivement 52 et 21 phrases, le modèle linéaire GMM se comporte mieux que le modèle non-linéaire, malgré un effet de sur-apprentissage.

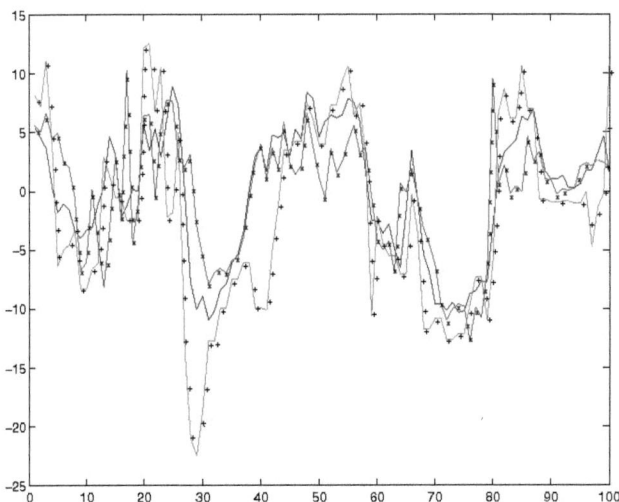

FIGURE 5.3 – Comparaison des trajectoires du 3me paramètre cepstral issue de la base bdl-jmk-D. En vert (+) la cible, en bleu la transformée par RBF et en rouge (x) la transformée par GMM.

- Pour la base bdl-jmk-C qui contient 10 phrases, on observe qu'on ne peut pas calculer un GMM conjoint de 64 composantes. La même remarque sur bdl-jmk-D pour un GMM à 8, 16 et 32 composantes. De plus, la distorsion augmente au fur et à mesure de la réduction du volume des données. Cela est justifié par le fait qu'il y a moins de données pour plus de degrés de liberté. En revanche, l'approche RBF se comporte plutôt mieux, surtout pour la base bdl-jmk-D. Ceci se justifie du fait que la fonction de transformation du modèle RBF exige moins de degrés de liberté pour des comportements non linéaires.

Pour la base bdl-jmk-E qui ne contient qu'une seule phrase, on a réussi à calculer les erreurs de distorsion pour le modèle RBF (2, 4, 8 et 16 centroïdes), avec une erreur de distorsion de 0.513 ± 0.017 pour 16 centroïdes (voir tableau 5.3). Pour le modèle GMM, on n'a obtenu l'erreur de distorsion que pour 2 composantes, qui correspondait à 0.629 ± 0.037. On peut tout de même conclure que face à des situations où il n'y a pas assez de données pour un locuteur, il est recommandé d'utiliser des modèles de transformation non-linéaires, puisque ces derniers exigent moins de paramètres d'ajustement.

# centroides	2	4	8	16
Apprentissage	0.581 ± 0.034	0.486 ± 0.028	0.391 ± 0.027	0.322 ± 0.017
Test	0.664 ± 0.014	0.605 ± 0.023	0.542 ± 0.018	0.513 ± 0.017

TABLE 5.3 – Erreurs de distorsion obtenus par RBF sur la base d'apprentissage et de test de bdl-jmk-E avec un intervall de confiance à 95%

5.4 Conclusion

D'après les résultats obtenus dans ce chapitre, on peut dire que le GMM se manifeste mieux que le RBF pour des bases d'apprentissage contenant des données en quantité suffisante en regard du nombre de degrés de liberté des modèles. L'enjeu réside cependant dans la capacité de conversion avec peu de données d'apprentissage. Dans ce contexte, avec des bases contenant moins de 10 phrases, l'approche non-linéaire par RBF donnent des résultats de conversion plus satisfaisants que les GMM, du point de vue d'une mesure objective sur les vecteurs acoustiques transformés. Les résultats sur une base d'apprentissage de 2 phrases (en moyenne 4 secondes d'enregistrement) le prouvent. On peut justifier cela par le fait que le GMM a beaucoups plus de paramètres qu'on ne peut pas ajuster au mieux avec peu de données. Alors, que le système de transformation non linéaire comme le cas du RBF, ne demande que peu de degrés de liberté, donc est plus adaptable avec peu de données. On doit mentionner que le travail effectué dans ce chapitre a été accepté dans la conférence WSEAS'09 (Mesbahi et al., 2009).

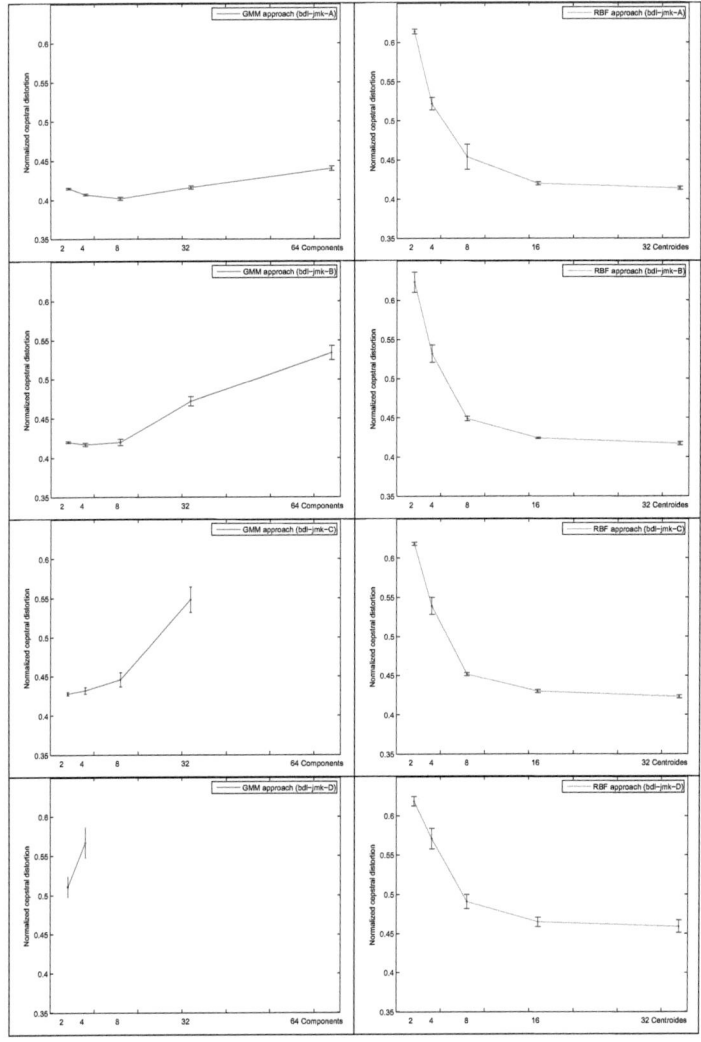

TABLE 5.4 – Mesures de distorsion obtenues sur les bases de test (bdl-jmk-A, bdl-jmk-B, bdl-jmk-C et bdl-jmk-D) avec un intervalle de confiance à 95%. A gauche, les résultats pour l'approche GMM avec différents composantes et à droite les résultats pour l'approche RBF avec différents centroïdes.

Chapitre 6

Transformation par *True Envelope* avec réduction de dimension

6.1 Introduction

Les systèmes de conversion de voix actuels ont des difficultés pour générer du signal parole de haute qualité. En particulier, lors de la transformation des paramètres spectraux, il est nécessaire que l'estimation d'envelope soit de très bonne qualité. L'envelope spectrale est considérée comme le facteur principal déterminant le timbre d'une voix Robel et al. (2007). Pour améliorer la qualité d'une voix transformée, l'envelope spectrale doit être relativement régulière, tout s'approchant au mieux des pics du spectre du signal de parole.

Différentes techniques ont été proposées pour estimer l'envelope spectrale. On peut trouver une modélisation auto-regressive basée sur des méthodes d'auto-corrélation ou sur un filtre tout pôle discrets El-Jaroudy et Makhoul (1991). D'autres techniques reposent sur une modélisation par des coefficients cepstraux. Parmi lesquelles, on trouve la méthodes du cepstre Oppenheim (1968), celle du cepstre discret Galas et Rodet (1990), du cepstre discret avec régularisation Cappé et al. (1996) ou encore la méthode de True Envelope Imai et Abe (1979) Robel et Rodet (2005).

Dans notre étude, nous nous intéressons à la dernière méthode, celle de l'estimation par la true envelope. Cette dernière a été proposée pour répondre à quelques défauts rencontrés avec la méthode des coefficients cepstraux ou des coefficients auto-regressives, car le résultat obtenu avec ces derniers est très dépendant de la qualité de l'estimation des paramètres de la fréquence, amplitude et nombre des partiels[1] (Obin, 2006).

---

1. Le terme partiel correspond en général à un son complexe, décomposable en une suite d'har-

Grâce aux améliorations récentes effectuées sur le calcul de la true envelope (Robel et Rodet, 2005), on arrive à réduire le temps de calcul des paramètres de l'enveloppe et préserver un signal de haute qualité lors de la synthèse du signal transformé.

6.1.1 Méthode dite de la *true envelope*

La true enveloppe permet d'estimer l'enveloppe spectrale en passant par les sommets des partiels, sans nécessiter l'estimation de ces partiels (voir figure 6.1).

La procédure de calcul de la true envelope est la suivante :

Soit $X(k)$ le spectre discret d'une trame acoustique sur K points fréquentiels, soit $V(k)$ la représentation spectrale donnée par les coefficients cepstraux à l'itération i, en calculant la transformée de Fourier des p premiers coefficients cepstraux.

$$V_i(k) = c(0) + \sum_{k=1}^{k=p} c(k) cos(2\pi f k) \qquad (6.1)$$

Le calcul itératif est le suivant :

1. Initialement $A_0(k) = log(|X(k)|)$, $V_0(k) = -\infty$, $k = 1 : K$

2. Calcul de l'amplitude $A_i(k)$ à la i^{me} itération :
   $A_i(k) = max(A_{i-1}(k), V_{i-1}(k))$, $k = 1 : K$.

3. Calcul des coefficients cepstraux du spectre $A_i(k)$ et de nouveau la représentation spectrale $V_i(k)$.

4. Répéter les étapes 2 et 3 jusqu'à atteindre le critère d'arrêt suivant : $A_i(k) - V_i(k) \leq \theta$, $k = 1 : K$, la valeur de θ correspond à 2dB.

L'enveloppe estimée par la true envelope est codée sur un nombre K de points fréquentiels. La complexité du calcul augmente avec le nombre de points et donc avec la précision demandée. Des travaux ont été entrepris pour réduire le nombre de points sans pour autant réduire la précision en proposant notamment une modélisation de type LPC (Villavicencio *et al.*, 2006). Dans ce contexte de réduction de la dimension des vecteurs, nous proposons une autre alternative de réduction de dimension qui s'appuie sur une analyse en composantes principales, PCA *Principal Component Analysis*. L'application d'une PCA à tendance à décorréler les paramètres. De plus, les paramètres transformés adoptent par construction, une distribution avec une plus grande variance sur les axes projetés.

---
moniques.

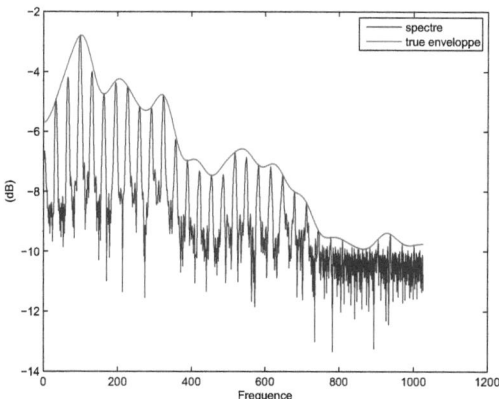

FIGURE 6.1 – Exemple de calcul de la true envelope sur un segment de phone /aa/. L'enveloppe est estimée après convergence sur 170 itérations.

6.1.2 Analyse en composante principales PCA

La PCA est une transformation linéaire orthogonale, visant à exprimer les données dans un nouvel espace. Les dimensions de cet espace sont ordonnées selon la variance des données qui y sont projetées. La plus grande variance correspond au premier axe, la seconde au deuxième axe et la plus faible correspond au dernier axe. Un exemple de projection PCA sur des données en 3 dimensions vers 2 dimensions (voir figure 6.2).

Mathématiquement, on peut associer au i^{me} axe une valeur propre λ_i, tel que $\lambda_1 > \lambda_2 > .. > \lambda_i$, i étant le nombre des axes de projection. On exprime la quantité d'énergie appliquée sur un axe comme le ratio de la valeur propre de l'axe sur la somme des valeurs propres. Il est possible de définir différentes qualité de projection en conservant un nombre variable de dimensions dans l'espace de projection. Il suffit d'élimer les dimensions portant les variances les plus faibles.

La PCA peut être obtenue sous différentes formes, par une décomposition de valeurs singulières (SVD) (Wall et Rechsteiner) ou par transformation de type Kerhunen-Loeve (KLT) (Loeve, 1978). Dans la littérature, il y a beaucoup de travaux sur l'utilisation de la PCA dans le domaine du traitement de la parole. Nous pouvons récapituler trois points essentiels sur l'utilisation de la PCA. Le premier sur la précision, l'auteur (Tokuhura et Ariki, 1999), montre qu'en utilisant une transformation de type KLT sur les MFCC, on obtient plus de précision sur les statistiques des données appliquées en reconnaissance

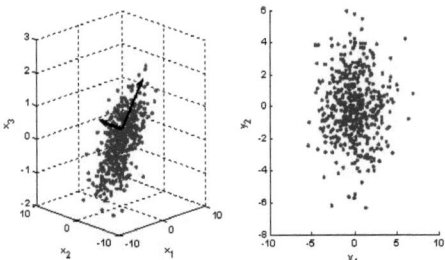

FIGURE 6.2 – Exemple de projection par PCA des données tridimensionnelles sur deux dimensions dans le plan formé à partir des deux vecteurs du graphique de gauche. À gauche, les données en trois dimensions, à droite, les données dans le plan des composantes principales.

de la parole. Le deuxième sur la mise à l'écart d'effets indésirables sur les signaux, l'auteur (Rayan et Rayner, 1997) précise pour certaines applications de la SVD ou de la KLT, qu'il est nécessaire d'écarter les valeurs singulières les plus faibles, qui peuvent représenter une part du signal difficilement explicable par une modèle linéaire. Enfin, dernier point sur la réduction de temps de calcul, l'auteur (Michael et Rechtsteiner, 2003) précise que les techniques non linéaires de réduction de dimension demandent plus de temps de calcul que l'application des transformations linéaires telles que la PCA.

6.2 Modèle de true-envelope avec PCA

Le modèle de true-envelope avec PCA que nous proposons repose sur deux composantes. La première est une modèle de true-envelope. La deuxième, une transformation par un modèle PCA qui permet de diminuer l'ordre de la true-envelope, en limitant la dégradation de la qualité de reconstruction de l'enveloppe spectrale.

La décorrélation des paramètres apportée par la PCA nous aide à établir une fonction de transformation plus efficace, en justifiant l'hypothèse de variables indépendantes. Le processus de projection PCA sur le modèle de true-envelope est décrit dans le schéma suivant (voir figure 6.3).

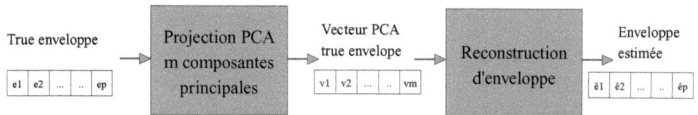

FIGURE 6.3 – Processus de Projection et de reconstruction par PCA/true-envelope.

6.2.1 Procédure de projection PCA avec reconstruction

6.2.1.1 Extraction des paramètres de PCA true-envelope

Soit X la séquence des enveloppes de n trames obtenues sur un ensemble de phrases prononcées par un locuteur. Une enveloppe est calculée sur un nombre p de points égale à 1025 (avec énergie). X est de dimension $n \times p$

– Calcul de la moyenne des enveloppes :

$$\nu = \bar{X} \qquad (6.2)$$

– Duplication de la moyenne sur n vecteurs :
on obtient une matrice Σ tel que $\Sigma_i = \nu$, $i = 1, .., n$
– Centrage des enveloppes :

$$Xc = X - \Sigma \qquad (6.3)$$

– Décomposition en vecteurs et valeurs propres :

$$[U \quad D \quad T] = svd(X_c) \qquad (6.4)$$

Tel que svd est une fonction qui permet de décomposer la matrice X_c en trois matrices, D la matrice diagonale des valeurs propres, U la matrice des vecteurs propres et T l'image orthogonale de U. On peut vérifier que $UDT^t = X_c$.
– Duplication des valeurs propres :
On obtient une matrice Θ telle que

$$\Theta_{i,j} = D^t_{j,j}, i = 1, .., n, j = 1, .., p \qquad (6.5)$$

– Calcul des vecteurs des paramètres de la projection PCA :

$$V_{i,j} = U_{i,j}\Theta_{i,j}, i = 1, .., n, j = 1, .., p \qquad (6.6)$$

Ces vecteurs contiennent les paramètres permettant de reconstruire les enveloppes et faire une transformation. d correspond au nombre d'axes de projection de la PCA, on conserve les d premières colonnes de V

6.2.1.2 Calcul du vecteur des paramètres à partir des paramètres de décomposition PCA

Si les paramètres de décomposition (D, T, ν) sont déjà calculés sur une base d'enveloppes, alors dans ce cas, les paramètres de la PCA obtenus sur une seule enveloppe (X) suit les étapes suivantes :
- Centrage de l'enveloppe :

$$Xc = X - \nu \tag{6.7}$$

- Calcul du produit enveloppe centrée par matrice inverse :

$$W = Xc \, (D \, T^t)^{-1} \tag{6.8}$$

- Calcul des vecteurs des paramètres de la projection PCA :

$$\Gamma_{i,j} = \sum_{k=1}^{k=d} D_{i,k} T^t_{k,j}, i = 1, .., n, j = 1, .., p \tag{6.9}$$

$$U_{i,j} = W_i \, \nu_j, i = 1, .., n, j = 1, .., p \tag{6.10}$$

$$V = U + \Gamma \tag{6.11}$$

on conserve que les d premières colonnes de V

6.2.1.3 Reconstruction de l'enveloppe

A partir du vecteur des paramètres du modèle PCA/true-envelope (V), on peut reconstruire l'enveloppe qui lui correspond, en appliquant la relation suivante :

$$\hat{X}_j = \nu_j + \sum_{k=1}^{k=d} V_k T^t_{k,j}, j = 1, .., p \tag{6.12}$$

d étant le nombre d'axes de projection PCA conservé.

6.2.2 Analyse et synthèse par modèle PCA/true-envelope

Notre modèle repose sur une estimation de la true-envelope suivie de sa projection sur un ensemble d'axes PCA principaux. Le choix du nombre d'axes principaux est lié à la distorsion entre l'enveloppe d'origine et l'enveloppe estimée. Cette distorsion doit être minimale. A cet effet, le choix de la dimension à conserver est prépondérant. Il faut faire un compromis d'un coté sur le nombre de paramètres conservés et d'un autre coté sur la qualité de la reconstruction. Pour évaluer la qualité de la reconstruction, nous avons calculé la distorsion moyenne (DM) entre l'enveloppe d'origine (X) et l'enveloppe estimée ($\hat{X}$) (voir équation 6.13).

$$DM = \frac{\sum_{i=1}^{i=n} 10 \sum_{j=1}^{p} |log10(X(i,j)) - log10(\hat{X}(i,j))|}{np} \quad (6.13)$$

où n est le nombre d'enveloppes et p est la dimension de l'enveloppe.

6.2.2.1 Dimensionnement des paramètres

Pour obtenir un nombre suffisant de paramètres pour une reconstruction offrant une réduction pertinente face à la complexité de la fonction de transformation, nous avons procédé à l'expérience suivante. A partir de l'espace acoustique des deux locuteurs jmf et jnf du corpus BREF 120, on estime les enveloppes source (jmf) et cible (jnf). Ensuite, on effectue une projection sur l'ensemble des axes principaux, comme il est décrit dans la section 6.2.1. Le nombre d'axes principaux projetés correspond à la dimension des paramètres du modèle PCA/true-envelope.

Le tableau suivant montre la relation existante entre la distorsion et la dimension de projection conservée pour la PCA (8, 16, 32 et 64).

#composantes	8	16	32	64
jmf	5.08 ± 3.04	3.04 ± 1.60	0.76 ± 0.63	0.03 ± 0.03
jnf	5.15 ± 3.01	3.65 ± 2.28	0.75 ± 0.68	0.03 ± 0.03

TABLE 6.1 – Distorsion d'erreur (en dB) entre l'enveloppe et sa synthèse. Quatre modes de projection ont été utilisés (8, 16, 32 et 64). Les résultats sont présentés pour les deux locuteurs jmf et jnf.

D'après le tableau 6.1, on constate que le choix de dimension correspondant au modèle à 32 composantes suffit amplement pour modéliser une enveloppe. Cela est justifié par le fait que la distorsion moyenne est inférieure à 1 dB par rapport à une projection sur seulement 8 ou 16 composantes, respectivement $5dB$ et $3dB$ d'erreur.

De plus, la dimension obtenue par rapport à une projection à 64 composantes, semble adéquate du point de vue des expériences que nous avons réalisées en conversion de voix (voir chapitre 3).

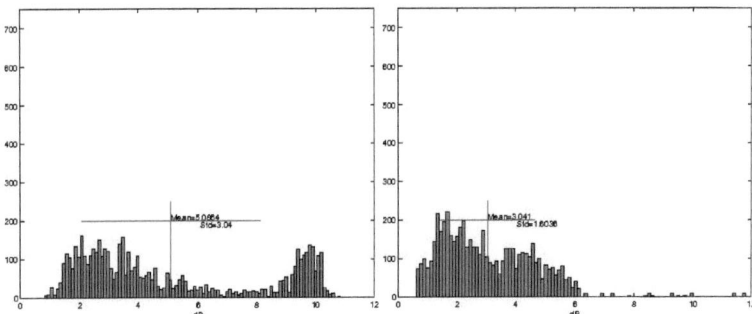

FIGURE 6.4 – Moyenne de distorsion entre l'enveloppe source et l'enveloppe reconstruite par un modèle PCA à 8 et 16 dimension respectivement. Cette distorsion est calculée sur la base de test du locuteur jmf.

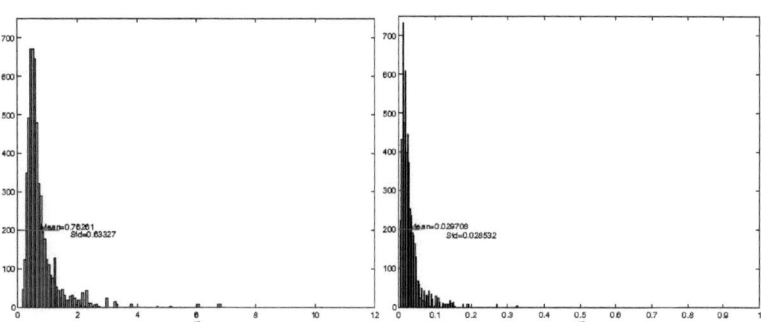

FIGURE 6.5 – Moyenne de distorsion entre l'enveloppe source et l'enveloppe reconstruite par un modèle PCA à 32 et 64 dimension respectivement. Cette distorsion est calculée sur la base de test du locuteur jmf.

Pour illustrer les résultats présentés tableau 6.1, nous avons tracé quatre figures (voir 6.4 et 6.5). Pour chaque figure, on présente l'histogramme de la distorsion moyenne entre les enveloppes estimée et d'origine (voir équation 6.13). Cette distorsion est estimée sur la base de test.

Le choix d'une représentation par histogramme, nous permet de voir la répartition des distorsions sur toute la base. Les figures de gauche à droite représentent respectivement, une PCA à 8, 16, 32 et 64 composantes. On constate que naturellement plus on augmente le nombre de composantes, plus la distorsion moyenne diminue. En particulier, la figure 6.5 (parties gauche et droite) apportent les meilleurs scores de distorsions.

6.2.2.2 Comparaison avec un modèle LPC

Afin de vérifier la qualité de reconstruction des enveloppes à partir du module PCA/true-envelope, nous avons effectué une comparaison avec la génération d'enveloppe réalisée à partir d'un modèle LPC. Cette validation a été entreprise sans entrer dans les détails des approches cepstrales, car cela sort du cadre de notre thèse. Notre étude a comme objectif de répondre à une problématique, celle de trouver un modèle qui estime l'enveloppe et permet de générer une enveloppe transformée s'approchant de l'enveloppe cible en s'"'appuyant sur des transformation de type GMM.

A titre d'exemple, sur la figure 6.6, nous avons tracé le spectre du signal qui correspond à un trame acoustique du phone [ai]. Un modèle LPC à 13 paramètres a ensuite été appliqué pour estimer l'enveloppe spectrale. Sur cette même figure, nous avons tracé l'enveloppe estimée par le modèle PCA/true-envelope à 32 paramètres.

Nous pouvons remarquer que le modèle PCA/true-envelope se rapproche plus des pics de l'enveloppe du spectre que par le modèle LPC. Cela tire partie du bénéfice de l'estimation par true envelope. Cette dernière donne la meilleure description de l'enveloppe spectrale du signal (Villavicencio *et al.*, 2006).

6.3 Transformation globale par le modèle PCA/true-envelope

On entend par transformation globale une transformation effectuée entre le locuteur source et cible, sur l'espace acoustique global exprimé en terme de vecteurs de paramètres du PCA/true-envelope. L'espace acoustique d'apprentissage et de test est composé de plusieurs phrases.

Comme c'est décrit au cours des chapitres précédents, la fonction de transformation s'appuie sur un alignement des paramètres d'analyse entre la source et la cible. Dans

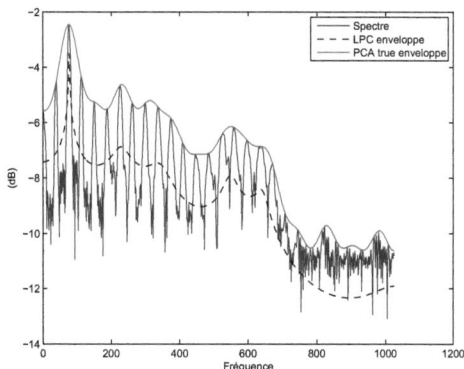

FIGURE 6.6 – Comparaison d'enveloppes entre le modèle LPC et le modèle PCA/true-envelope. L'ordre des LPC est de 13 et la PCA est de l'ordre de 32. Cette comparaison est effectuée sur un segment du phone /ai/.

ce qui suit, on présente les différents méthodes de transformation globale utilisées dans cette étude.

6.3.1 Description des méthodes de transformation

Le tableau 6.3.1 décrit les différentes méthodes de conversion appliquées sur le modèle PCA/true-envelope. On trouve cinq méthodes : A, B, C, D et E, réparties selon deux approches : une quantification vectorielle (QV) et un modèle de mélange gaussien (GMM). La quantification vectorielle a été utilisé, car c'est un moyen de faire une classification avec un nombre réduit de paramètres de modélisation. Quant au modèle GMM, il est bien adapté à la transformation, nous l'avons déjà évoqué, mais demande l'estimation d'un nombre plus important de paramètres.

Ces méthodes sont classées par ordre croissant de complexité. Le but est de déterminer quel type de méthode est la plus adaptée à notre modélisation PCA/true-envelope.

La description des différentes approches est la suivante :
- La méthode A correspond à une quantification vectorielle sans lissage, c'est-à-dire sans pondération de la moyenne cible.
- La méthode B correspond à une quantification vectorielle avec lissage, c'est-à-dire avec pondération de la moyenne cible, similaire à (Abe, 1991).
- La méthode C correspond à une quantification vectorielle conjointe, en alignant

Méthode	Différentes options		
	projection	partition	appariement
A	pca-s-8,16,32	qv-s-8,16,32,64,128	dtw-mfcc
B	pca-s-8,16,32	qv-s-8,16,32,64,128	dtw-mfcc
C	pca-s-8,16,32	qv-sc-8,16,32,64,128	dtw-mfcc
D	pca-s-16,32	gmm-s-8,16,32	dtw-mfcc
E	pca-s-16,32	gmm-sc-8,16,32	dtw-mfcc

TABLE 6.2 – Ce tableau présente les différents méthodes utilisées pour une transformation à partir du modèle PCA/true-envelope. En ligne, on trouve les modèles : A (Quantification vectorielle sans lissage), B (Quantification vectorielle avec lissage), C (Quantification vectorielle conjointe),D (GMM source) et E (GMM conjoint). En colonne, les différents choix concernant la projection, la partition, et l'appariement.

les moyennes source et cible.
– La méthode D correspond à un modèle de mélange Gaussien (GMM) source, qui demande un apprentissage sur seulement 32 paramètres du modèle PCA/true-envelope.
– Enfin, la méthode E correspond à un modèle GMM conjoint (Kain et Macon, 1998) qui demande un apprentissage sur 64 paramètres du modèle PCA/true-enveloppe (vecteur source et cible conjoint).

Pour chaque méthode, il faut mentionner le type de projection utilisé, le mécanisme de partition ainsi que la technique d'appariement.

Par exemple, concernant le mécanisme de projection on peut citer par exemple le label *pca-s-32* qui signifie une projection pca apprise sur la source en conservant 32 dimensions. On peut obtenir une projection sur 8, 16 ou 32 dimensions. La partition de l'espace acoustique repose sur une QV (Quantification Vectorielle) ou un GMM. Le label *qv-s-8* signifie une quantification vectorielle sur la source en 8 classes. On peut avoir 8, 16, 32, 64 ou 128 classes. Le label *qv-sc-8* signifie une quantification vectorielle conjointe sur la source et la cible en 8 classes. Pour les labels *gmm-s-8* et *gmm-sc-8*, cela signifie respectivement l'application d'un GMM à 8 classes sur la source et sur la source et la cible conjointement. Pour finir, l'appariement peut s'appuyer sur une DTW appliquée sur les paramètres MFCC (*dtw-mfcc*).

6.3.1.1 Quantification vectorielle sans lissage (A)

Cette méthode correspond à l'application d'une quantification vectorielle sur l'espace source et cible. Le processus de transformation correspond à une estimation sans lissage de la moyenne cible. Le calcul repose sur une estimation argmax de la probabilité conditionnelle entre les classes cible et source.

Les étapes à accomplir sont les suivantes :
- Calcul des μ_i^{QV} et μ_j^{QV} par modèle LBG (Linde et al., 1980) sur les vecteurs PCA source et cible, respectivement x_s et x_c.
- Estimation de la probabilité conjointe $p(i,j)$ par la méthode des histogrammes, en se basant sur l'alignement MFCC source-cible.
- Estimation de la probabilité conditionnelle $p(j|i)$:

$$p(j|i) = \frac{p(i,j)}{p(i)} \tag{6.14}$$

avec :

$$p(i) = \sum_j p(i,j) \tag{6.15}$$

- Estimation de la classe source la plus proche du vecteur source :

$$i^* = \arg min_i ||x_s - \mu_i^{QV}|| \tag{6.16}$$

- Estimation de la classe cible :

$$j^* = \arg max_j p(j|i^*) \tag{6.17}$$

- Estimation de l'enveloppe transformée ($\hat{X}$) :

$$\hat{X}_j = \nu_j + \sum_{k=1}^{k=d} \mu_{j^*k}^{QV} T_{k,j}^t, j = 1,...,p \tag{6.18}$$

avec ν la moyenne des enveloppes cibles, T étant la matrice obtenue équation 6.4.

6.3.1.2 Quantification vectorielle avec lissage (B)

Cette méthode correspond à l'application d'une quantification vectorielle sur l'espace source et cible. Le processus de transformation correspond à une estimation avec lissage de la moyenne cible. Le calcul repose sur une pondération des moyennes cible en utilisant le modèle proposé par Abe.

Les étapes à accomplir sont les suivantes :
- Calcul μ_i^{QV} et μ_j^{QV} par modèle LBG sur les vecteurs PCA source et cible (xs et xc).

- Estimation de la probabilité conjointe $p(i,j)$ par la méthode des histogrammes, en se basant sur l'alignement MFCC source-cible.
- Estimation de la probabilité conditionnnele $p(j|i)$.

$$p(j|i) = \frac{p(i,j)}{p(i)} \tag{6.19}$$

avec :

$$p(i) = \sum_j p(i,j) \tag{6.20}$$

- Estimation de la classe source la plus proche du vecteur source :

$$i^* = \arg min_i ||xs - \mu_i^{QV}|| \tag{6.21}$$

- Estimation du vecteur transformé (xt) :

$$xt = \sum_j p(j|i^*) \mu_j^{QV} \tag{6.22}$$

- Estimation de l'enveloppe transformée $(\hat{X})$:

$$\hat{X}_j = \nu_j + \sum_{k=1}^{k=d} xt_k T_{k,j}^t, j = 1,..,p \tag{6.23}$$

avec ν moyenne sur les enveloppes cibles, T étant la matrice obtenue équation 6.4.

6.3.1.3 Quantification vectorielle conjointe (C)

Cette approche correspond à l'application d'une quantification vectorielle conjointe sur l'espace source et cible. Elle est basée sur le calcul d'un argmin sur la distance entre le vecteur source et la moyenne de la classe source. Ensuite, on fait correspondre le vecteur moyen de la source avec celui de la cible par alignement.

Les étapes à accomplir sont les suivantes :
- Calcul des μ_i^{QV} et μ_j^{QV} par modèle LBG sur les vecteurs PCA source et cible conjoints (xs, xc).
- Estimation de la classe source la plus proche du vecteur source :

$$i^* = \arg min_i ||xs - \mu_i^{QV}|| \tag{6.24}$$

- Estimation de la classe cible : soit l'indice de classe cible j^* qui s'aligne conjoin-

tement avec la classe source i^*.
- Estimation de l'enveloppe transformée ($\hat{X}$) :

$$\hat{X}_j = \nu_j + \sum_{k=1}^{k=d} \mu_{j*k}^{QV} T_{k,j}^t, j=1,..,p \qquad (6.25)$$

avec ν moyenne sur les enveloppes cibles, T étant la matrice obtenue équation 6.4.

6.3.1.4 GMM source (D)

Cette approche correspond à l'application des paramètres d'un modèle GMM source calculé sur les vecteurs PCA (xs). Le processus de transformation correspond à une estimation avec lissage de la moyenne cible en se basant sur la probabilité a posteriori tirée du GMM associée à une estimation de la moyenne cible par DTW.

Les étapes à accomplir sont les suivants :
- Estimation de $p(j|\lambda_s, xs)$ à partir du GMM source.
- Calcul des moyennes cibles $\mu_{j,DTW}^c$:

$$\mu_{j,DTW}^c = \frac{\sum_i^{N_j} dtw_{mfcc}(xs_i^j)}{N_j} \qquad (6.26)$$

$dtw_{mfcc}(xs_i^j)$ représente le vecteur cible aligné avec xs_i^j en se basant sur un alignement à partir des coefficients MFCC. xs_i^j représente le i^{me} vecteur de la classe source d'indice j.
- Estimation du vecteur PCA transformé (xt) :

$$xt = \sum_j p(j|\lambda_s, xs)\mu_{j,DTW}^c \qquad (6.27)$$

- Estimation de l'enveloppe transformée ($\hat{X}$) :

$$\hat{X}_j = \nu_j + \sum_{k=1}^{k=d} xt_k T_{k,j}^t, j=1,..,p \qquad (6.28)$$

avec ν moyenne sur les enveloppes cibles, T étant la matrice obtenue équation 6.4.

6.3.1.5 GMM conjoint (E)

Le processus de transformation correspond au modèle de Kain en se basant sur la probabilité a posteriori tiré du GMM en tenant compte des paramètres de moyenne et

de covariance. Dans cette approche on applique donc les paramètres d'un modèle GMM conjoint calculé sur les vecteurs PCA . Les étapes à accomplir sont les suivantes :
- Estimation du vecteur cible (vecteur transformé) :

$$xt = \sum_j p(j/\lambda_{sc}, xs^n)(\mu^c_{j,\lambda_{sc}} + \Sigma^j_{sc}\Sigma^{j^{-1}}_{ss}(xs^n - \mu^s_{j,\lambda_{sc}})) \tag{6.29}$$

avec : $\mu^s_{j,\lambda_{sc}}$ et $\mu^c_{j,\lambda_{sc}}$ correspondent respectivement aux moyennes source et cible de la classe j. Ils sont estimés par le modèle GMM conjoint λ_{sc}. Σ^j_{sc} et $\Sigma^{j^{-1}}_{ss}$ correspondent respectivement aux covariances (source,cible) et covariances (source,source) inverses de la j^{eme} classe.
- Estimation de l'enveloppe transformée ($\hat{X}$) :

$$\hat{X}_j = \nu_j + \sum_{k=1}^{k=d} xt_k T^t_{k,j}, j = 1,..,p \tag{6.30}$$

avec ν moyenne sur les enveloppes cibles, T étant la matrice obtenue équation 6.4.

6.3.2 Protocole expérimental

L'expérience a été menée sur la base de locuteurs jmf (source) et jnf (cible) issues de la base BREF 120 (Lamel *et al.*, 1991). La méthodologie appliquée est la suivante : 34 phrases (24971 vecteurs) définissent le corpus d'apprentissage, 8 phrases (5555 vecteurs) définissent l'ensemble de test. A des fins expérimentales, on dispose de phrases parallèles à la fois pour l'apprentissage et le test. La répartition des phrases est faite de manière aléatoire.

Sur le corpus d'apprentissage, nous effectuons les opérations suivantes :

1. Calcul des enveloppes par true-envelope et extraction des vecteurs PCA (fréquence d'échantillonnage à 16 Khz, fenêtrage de Hamming sur 40ms, pas d'analyse 10ms). L'ordre des enveloppes est fixé à 1025 points en incluant la composante continue. La sélection de l'ordre des paramètres PCA est fixé à 32 paramètres. .

2. Alignement DTW entre les vecteurs PCA/true-envelope (source et cible).

3. Apprentissage des paramètres des différents modèles proposés dans 6.3.1

4. Conversion des vecteurs PCA et reconstruction des enveloppes correspondantes.

Dans cette étude, l'objectif est de comparer la performance de la fonction de conversion pour les différents modèles décrits dans la section 6.3.1. A cet effet, on a appliqué un calcul de distorsion moyenne (voir équation 6.13).

6.3.3 Résultats et discussion

6.3.3.1 Comparaison entre les différentes méthodes de transformation

Les résultats sont présentés tableau 6.3 dans un ordre de complexité croissante. Malgré la variété des méthodes de transformation proposées (des plus simples aux plus complexes),La distorsion moyenne obtenue est toujours de l'ordre de 7 dB, ce qui reflète une transformation de qualité très moyenne.

En utilisant une quantification vectorielle (méthodes A, B et C), on a voulu savoir si avec très peu de paramètres on arrive à transformer des vecteurs du modèle PCA/true-envelope. Les résultats du tableau 6.3 montrent que la méthode A (quantification vectorielle sans lissage) donne des distorsions moyennes meilleures que la méthode B (quantification vectorielle avec lissage). Cela signifie qu'avec un lissage on obtient des moyennes cibles pondérées s'écartant des vecteurs cibles.

En introduisant la méthode C (quantification vectorielle conjointe), la distorsion s'améliore par rapport à la méthode avec lissage, mais reste dans l'ordre de 7.76 dB. Cette distorsion est à expliquer par deux facteurs : tout d'abord, l'alignement des segments source et cible qui présente le problème one-to-many déjà évoqué. Ensuite, le problème d'écartement entres les deux espaces des paramètres PCA/true-envelope de la cible et la transformée.

Pour le cas des approches par GMM source et conjoint respectivement D et E, on remarque, d'après le tableau 6.3, que la distorsion est dans l'ordre de 7.7 dB et commence à remonter à partir de 64 composantes. On peut dire d'une part, que les résultats obtenus ne sont pas mieux que les approches par quantification vectorielle. D'autre part, que l'approche par GMM conjoint (E) n'apporte pas d'amélioration par rapport au GMM source.

#composantes	8	16	32	64	128
Méthode A	7.01 ± 2.42	7.11 ± 2.28	6.83 ± 2.92	7.62 ± 4.54	8.47 ± 5.50
Méthode B	8.66 ± 4.80	8.68 ± 4.79	8.66 ± 4.78	8.66 ± 4.76	8.61 ± 4.73
Méthode C	7.76 ± 3.87	7.68 ± 3.70	8.03 ± 4.02	8.13 ± 4.13	8.02 ± 4.08
Méthode D	7.78 ± 4.24	7.76 ± 4.24	7.64 ± 4.21	7.73 ± 4.23	□
Méthode E	8.24 ± 4.77	7.77 ± 4.45	7.59 ± 4.41	7.86 ± 4.64	□

TABLE 6.3 – Distorsion d'erreur (en dB) entre la transformée et la cible. Cinq méthodes sont utilisés QV source (avec et sans lissage), QV conjoint et le GMM source et conjoint (voir description du tableau 6.3.1). □ signifie une configuration expérimentale non-calculée (stabilité des calculs).

6.3.3.2 Quelques exemples de courbes de distorsion

Les histogrammes de distorsion moyenne sont tracés afin d'analyser plus finement le comportement des méthodes de transformation.

Pour les méthodes QV (A et B) (voir figure 6.7), on remarque l'apparition d'un deuxième mode qui disparaît dans la méthode QV (C) (voir figure 6.8). Cela peut être justifié par un problème d'appariement. Dans (A et B), on estime les moyennes cibles à partir des paramètres de QV source. Tandis que pour (C), on estime les moyennes cibles à partir d'un QV conjoint (source et cible).

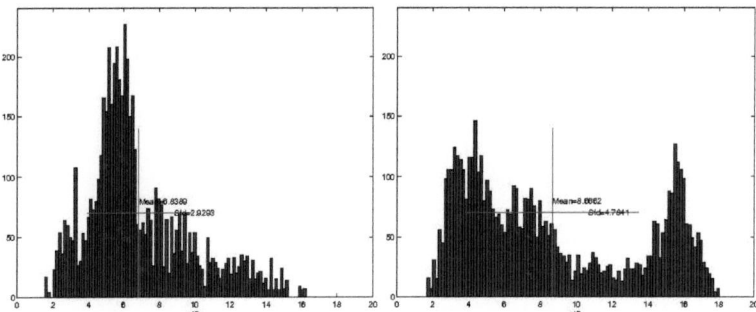

FIGURE 6.7 – Transformation de type PCA/true-envelope avec le modèle de transformation A et B respectivement. Le nombre de classes utilisées est fixé à 32.

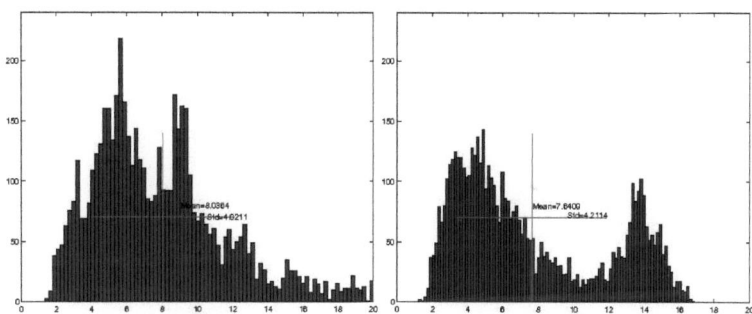

FIGURE 6.8 – Transformation de type PCA/true-envelope avec le modèle de transformation C et D respectivement. Le nombre de classes utilisées est fixé à 32.

Même remarque sur l'apparition d'un deuxième mode sur les distributions d'erreur pour la méthode GMM (D et E) (voir figure 6.9).

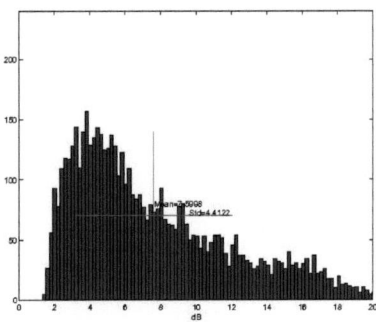

FIGURE 6.9 – Transformation de type PCA/true-envelope pour le modèle de transformation E. Le nombre de classes utilisées est fixé à 32.

cibles.

6.4 Transformation par classe phonétique sur le modèle PCA/true-envelope

D'après les résultats obtenus dans la section précédente, on remarque que la distorsion moyenne de transformation dépasse le seuil de 6 dB quelque soit la méthode utilisée (voir tableau 6.3).

Aussi, d'après les commentaires de la section 6.3.3.1, la distorsion obtenue est reliée à trois facteurs principaux :
– Problème d'alignement des segments source et cible.
– Chevauchement entre plusieurs classes segmentales.
– Ecart entre les espaces des paramètres PCA/true-envelope transformé et cible.

Compte tenu de ces remarques, on peut globalement caractériser ces mauvais résultats par un problème d'alignement. Les sons en correspondance ne sont pas tous comparables.

Le problème qui peut se poser, est-ce que l'approche PCA/true-envelope dépend plus sur un bon alignement des espaces segmentales (source et cible) ?

Pour tenter de limiter la difficulté de la tâche de la conversion, nous avons appliqué un étiquetage des trames par leur classes phonétiques. La tâche de classification devient supervisée et l'appariement des trames trivial puisqu'on cherchera à transformer des vecteurs appartenant à une même classe phonétique. Ceci devrait faciliter la tâche de transformation.

Notre objectif dans cette étude se résume sur les points suivants :
- Améliorer la qualité et la précision de la transformation en séparant les différentes classes phonétiques.
- Éviter le problème de One-To-Many (Godoy et al., 2009).
- Réduire la distorsion moyenne de transformation.

6.4.1 Méthodologie

Notre proposition repose sur un système de segmentation automatique qui permet d'étiqueter des segments d'un signal de parole en unités phonétiques. Nous avons à notre disposition les fichiers d'étiquetage phonétique pour les locuteurs source et cible impliqués dans les expériences de conversion de voix.

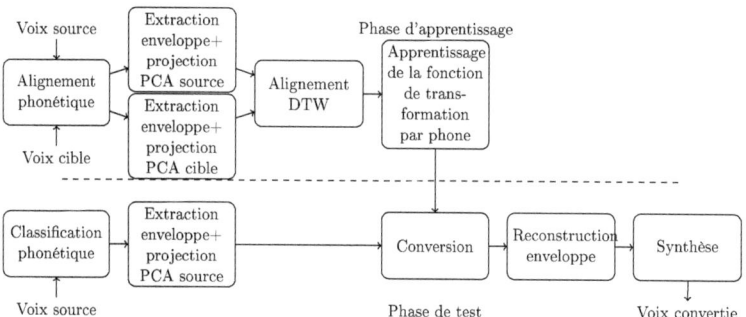

FIGURE 6.10 – Les différentes étapes décrivant le processus de transformation à partir d'étiquettes phonétiques sur les paramètres du modèle PCA/true-envelope.

Les étapes à accomplir sont décrites figure 6.10 :

1. Le bloc d'alignement phonétique comprend les étapes suivantes :
   - Création des fichiers descripteurs du début et la fin de chaque phone. La description apporte les mesures de recouvrement et de décalage pour chaque phone de la chaîne entre locuteurs source et cible.
   - Extraction des segments de parole alignés à partir des fichiers descripteurs de phones.
   - Répartition des segments parole pour chaque phone.
2. Le bloc d'extraction des paramètres comprend :
   - Extraction des paramètres MFCC à partir des segments de parole alignés.
   - Calcul des paramètres de true-envelope pour tous les segments de parole reliés à chaque phone.
   - Calcul des vecteurs PCA/true-envelope pour tous les segments de chaque phone. Chaque vecteur contient les paramètres d'analyse/synthèse et de true-envelope.
3. Alignement des vecteurs PCA/true-envelope sur la base d'alignements DTW estimés sur des paramètres MFCC source et cible pour chaque phone.
4. Apprentissage de la fonction de transformation pour chaque phone, en utilisant les paramètres PCA/true-envelope de la source et la cible.
5. Pour la phase de test, on applique une classification phonétique sur la voix source, puis extraction des paramètres de la PCA. Ensuite, on applique les paramètres de la fonction de conversion. Le processus se termine par une reconstruction de l'enveloppe transformée. L'enveloppe obtenue sert à synthétiser la voix convertie.

6.4.2 Méthodes de transformation

Dans cette étude on propose deux méthodes de transformations : GMM conjoint et QV conjoint qui correspondent respectivement aux modèles C et E décrits dans la section 6.3.1.

6.4.3 Protocole expérimental

Cette étude a été menée sur les locuteurs jmf (source) et jnf (cible). Le corpus d'apprentissage est composé des phrases transcrites phonétiquement. Le nombre de phones est fixé à 32.

Sur le corpus d'apprentissage, on calcule les enveloppes et leurs vecteurs PCA correspondant aux différents segments phonétiques. On peut voir la répartition des différents

phones	/aa/	/ai/	/an/	/au/	/ch/	/dd/	/ei/	/eu/	/jj/	/kk/
# de trames	2172	842	929	503	132	692	1343	385	133	859
phones	/ll/	/on/	/oo/	/ou/	/pp/	/rr/	/ss/	/tt/	/uu/	/vv/
# de trames	660	350	230	189	695	1122	2118	1028	287	259
phones	/yy/	/zz/	/nn/	/ii/	/in/	/mm/	/ee/	/gg/	/oe/	/bb/
# de trames	327	234	400	1037	173	476	122	56	55	97
phones	/ff/	/ww/								
# de trames	144	45								

TABLE 6.4 – Répartition des vecteurs de trames d'apprentissage par phonème. Le nombre de phonèmes utilisé est 32.

segments par phone tableau 6.4. Ensuite, pour chaque classe phonétique, on aligne les vecteurs PCA/true-envelope source et cible pour estimer la fonction de conversion. On utilise deux modèles de transformation le GMM conjoint et le QV conjoint.

Afin d'évaluer la qualité de transformation, on utilise le calcul de distorsion moyenne (voir équation 6.13).

6.4.4 Résultats et discussion

6.4.4.1 Etude comparative

Dans le tableau suivant (6.5), on dresse les résultats obtenus sur la distorsion moyenne entre la transformée et la cible. Les résultats correspondent à deux méthodes de transformation : le premier utilise un modèle GMM conjoint de Kain à 2 et 4 composantes, le deuxième utilise une quantification vectorielle conjointe (16, 32, 64, ..., 512).

A première vue, tableau 6.5, la distorsion moyenne obtenue est de l'ordre de 3 dB, qui est meilleure que celle obtenue par l'approche globale (de l'ordre de 7 dB). Cela peut s'expliquer par le fait qu'en séparant les classes phonétiques, on résout deux problèmes à la fois : la confusion entre sons voisés et non-voisés et la réduction des erreurs liées à l'alignement.

Pour l'approche GMM conjoint, on obtient des distorsions moyennes de l'ordre de 3 dB, cependant les GMM peuvent poser des problèmes d'estimation pour certains phones (/jj/, /kk/, /ch/, etc). On a remarque que pour ce types de phones, l'amplitude des enveloppes est faible, par conséquent, le calcul des covariances devient pratiquement impossible. Une solution pourrait être d'effectuer une normalisation adaptée pour chaque espace phonétique,

Dans tous les cas, la méthode la plus adaptée à ce type de données, est l'approche QV conjoint. On a remarqué qu'elle donne des distorsion comparable aux GMM, mais reste efficace pour tous les espaces phonétiques. Le problème rencontré avec la QV concernait les phones non-voisés surtout la classe des plosives. Il est possible de réduire leur distorsion, en augmentant le nombre de composantes de 16 jusqu'à 128 pour (/dd/, /pp/), jusqu'à 512 pour /kk/ et jusqu'à 1024 pour /tt/.

Compte tenu des résultats obtenus, on peut faire deux remarques :
- L'approche QV conjoint semble bien adaptée à une transformation par phone.
- La transformation par PCA/true-envelope semble efficace lorsqu'on sépare phonétiquement les espaces acoustiques. Cela permet de corriger les problèmes d'alignement et séparer les frontières phonétiques de manière efficace.

phones	/aa/	/ai/	/an/	/au/	/ch/	/dd/
GMM	3.68 ± 2.72	3.09 ± 2.47	3.92 ± 2.48	3.58 ± 1.91	☐	☐
QV	4.26 ± 3.04	3.39 ± 3.01	3.79 ± 2.51	3.26 ± 2.00	1.49 ± 0.97	3.28 ± 2
phones	/ei/	/eu/	/jj/	/kk/	/ll/	/on/
GMM	3.66 ± 2.63	3.97 ± 2.30	☐	☐	4.35 ± 2.30	5.03 ± 3.14
QV	3.47 ± 2.75	3.61 ± 2.40	2.12 ± 1.56	5.68 ± 5.98	4.67 ± 2.42	4.32 ± 3.67
phones	/oo/	/ou/	/pp/	/rr/	/ss/	/tt/
GMM	☐	4.20	☐	4.85 ± 2.65	3.21 ± 2.68	☐
QV	2.99 ± 2.05	2.92 ± 1.95	6.15 ± 4.97	4.88 ± 3.10	3.07 ± 2.88	4.26 ± 5.14
phones	/uu/	/vv/	/yy/	/zz/	/nn/	/ii/
GMM	2.72 ± 1.71	☐	☐	☐	4.48 ± 2.15	4.15 ± 2.17
QV	3.20 ± 1.84	3.59 ± 3.1	3.49 ± 1.57	4.19 ± 2.99	3.60 ± 2.13	4.33 ± 3
phones	/in/	/mm/	/ee/	/gg/	/oe/	/bb/
GMM	☐	4.40 ± 2.30	☐	☐	☐	☐
QV	2.86 ± 2.90	3.16 ± 2.06	3.23 ± 2.09	3.07 ± 2.12	1.09 ± 0.95	3.31 ± 2.04
phones	/ff/	/ww/				
GMM	☐	☐				
QV	3.58 ± 2.60	2.59 ± 2.58				

TABLE 6.5 – Distorsion d'erreur (en dB) entre la transformée et la cible. Deux approches sont utilisées le GMM et le QV conjoint, ☐ signifie des configurations non-calculées.

6.4.4.2 Quelques exemples de courbes de distorsion

On a opté pour une représentation par histogrammes figures (6.11 et 6.12). On essaye d'illustrer ce que nous avons remarqué dans l'étude comparative précédente. A cet effet, on choisit deux types de phones, un voisé, /aa/ et un autre non-voisé, /mm/. Pour les deux figures, on fait une comparaison entre un GMM et un QV. On peut remarquer qu'il n'y a pas de différence pour les deux approches. Figure 6.11, on remarque que la distorsion est de 3 dB, ce qui explique qu'on est pas loin de la cible. En plus, il n'y a pas de 2me mode, ce qui veut dire que l'espace transformé est uniforme ce qui peut s'expliquer par l'absence d'erreurs d'alignement. Su la figure 6.12, la même remarque peut être faite sur le phone /mm/, mais avec un léger avantage pour l'approche QV conjoint.

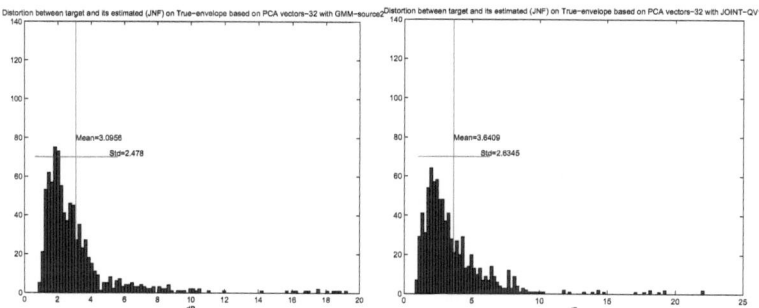

FIGURE 6.11 – Transformation de la True-envelope basée sur le modèle PCA, appliquée sur un phone voisé /aa/ (GMM et QV respc.).

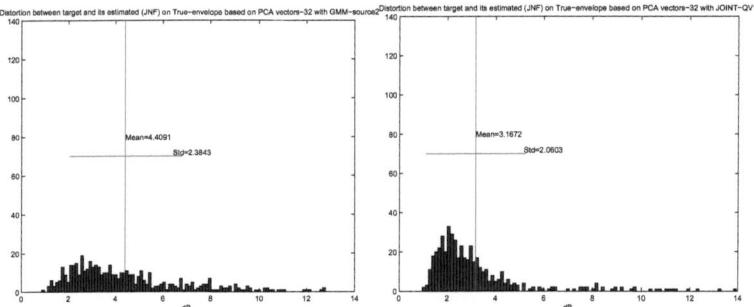

FIGURE 6.12 – Transformation de la True-envelope basée sur le modèle PCA, appliquée sur un phone non-voisée /mm/ (GMM et QV respc.).

6.4.4.3 Reconstruction des enveloppes transformées

Sur les figures 6.13,6.14,6.15,6.16,6.17,6.18 et 6.19, on présente l'efficacité de la transformation par QV conjoint appliquée à la PCA/true-envelope. On constate sur ces figures (6.13 et 6.17) que l'enveloppe transformée pour les phones /aa/ et /ai/ se rapprochent de l'enveloppe cible. Pour les phones non-voisés (/jj/, /ch/ et /mm/) voir figures (6.14,6.15,6.16), dont l'enveloppe cible n'est pas régulière, la transformée arrive à se coller à la cible avec seulement 16 composantes.

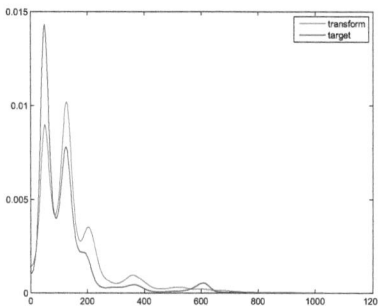

FIGURE 6.13 – Représentation de la True-envelope (transformée et cible) par modèle PCA sur le phonème /aa/ vecteur 100(QV 64).

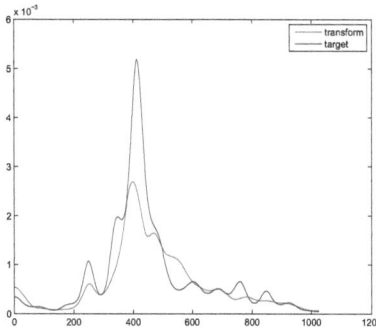

FIGURE 6.14 – Représentation de la True-envelope (transformée et cible) par modèle PCA sur le phonème /ch/ vecteur 100(QV16).

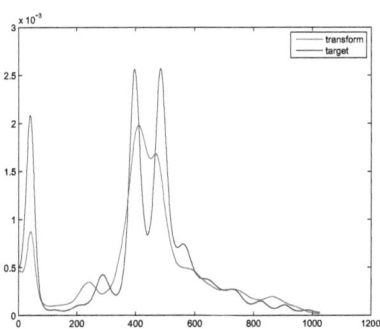

FIGURE 6.15 – Représentation de la True-envelope (transformée et cible) par modèle PCA sur le phonème /jj/ vecteur 50(QV16).

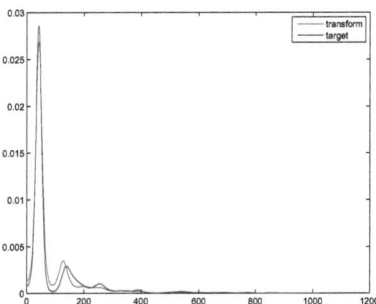

FIGURE 6.16 – Représentation de la True-envelope (transformée et cible) par modèle PCA sur le phonème /mm/ vecteur 100(QV16).

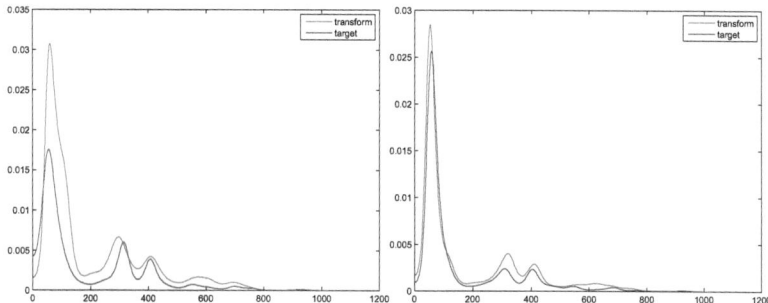

FIGURE 6.17 – Représentation de la True-envelope (transformée et cible) par modèle PCA sur le phonème /ai/ vecteur 100 et 250 (QV64).

La figure 6.18 représente l'enveloppe transformée du phone /in/. L'amplitude de l'enveloppe cible s'approche de la valeur zéro, pour cela on voit que l'enveloppe transformée (QV 64) arrive tout de même à s'approcher de la cible, malgré cette faible amplitude.

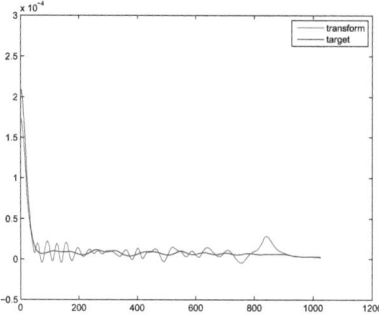

FIGURE 6.18 – Représentation de la True-envelope (transformée et cible) par modèle PCA sur le phonème /in/ vecteur 150(QV64).

Le cas le plus délicat concerne le phone /ss/ (voir figure 6.19) qui présente une évolution aléatoire de son enveloppe. L'enveloppe transformée arrive tout de même à suivre la trajectoire de l'enveloppe cible.

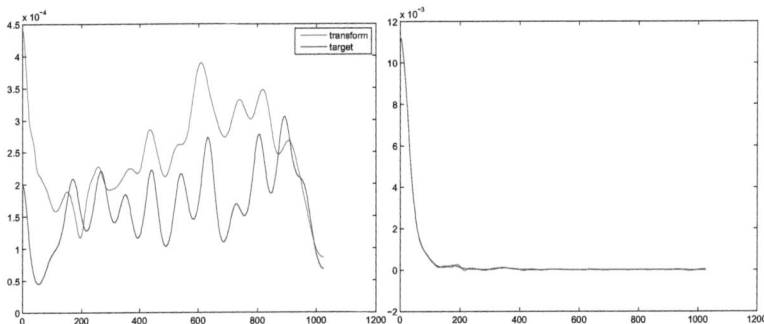

FIGURE 6.19 – Représentation de la True-envelope (transformée et cible) par modèle PCA sur le phonème /ss/ vecteur 100 et 200(QV512).

6.5 Conclusion

L'étude menée dans ce chapitre avait comme objectif principal d'utiliser un modèle de true-envelope pour obtenir une haute qualité de voix transformée. Pour cela, le recours aux techniques de réduction de dimension était indispensable avant d'appliquer les méthodes de conversion.

Notre choix s'est porté sur une technique PCA, cette dernière se révèle efficace dans la réduction et la reconstruction de données (32 composantes sont utiles). On a appliqué notre modélisation sur deux types de modèles. Le premier, sur un espace acoustique global sans séparation phonétique a priori. La distorsion moyenne de transformation était de l'ordre de 7 dB. Le deuxième, sur un espace acoustique séparé phonétiquement, c'est-à -dire en appliquant une fonction de transformation pour chaque phone parmi 32. On a remarqué une baisse de la distorsion moyenne jusqu'à 3 dB. On peut justifier cette baisse de 7 dB à 3 dB par trois facteurs :

- Bon alignement de trames entre la source et la cible en prenant en compte la séparation phonétique (résolution du problème de one to many).
- Pas de mélange entre trames voisés et non-voisés dans le corpus d'apprentissage.
- Efficacité de la PCA true enveloppe due à l fonction l'uniformité de l'espace acoustique pour une classe phonétique.

Conclusion

L'étude que nous venons de réaliser au cours de cette thèse porte sur le développement et la comparaison des systèmes de transformation de la parole d'un point de vue acoustique au niveau segmental. Nous adressons dans ce mémoire trois problèmes principaux auxquels nous avons cherché à obtenir une réponse :
- Le problème du volume de données d'apprentissage et son influence sur les fonctions de transformation à base de GMM.
- Le problème d'alignement de données non-parallèles entre locuteurs source et cible.
- Le problème du dimensionnement de l'ensemble des paramètres de la fonction de transformation.

Au cours du chapitre 3, nous avons étudié le problème du volume des données nécessaires à l'apprentissage et son influence sur les fonctions de transformation à base de GMM. Les techniques de transformation linéaire malgré la saut de qualité obtenu par rapport au codebook VQ, présentent quelques défauts, tel le surlissage (*oversmoothing*), le problème de distorsion spectrale ou encore le sur-apprentissage (*overfitting*) observé face à peu de données d'apprentissage. Dans un premier temps, nous avons suggéré de prendre ces questions en considération de manière à adapter la stratégie d'apprentissage des fonctions de conversion. A cet effet, nous nous sommes inspirés des idées proposées par les approches qui combattent l'effet de surlissage et de les cadrer dans un contexte d'optimisation des paramètres de transformation linéaires par GMM de manière à réduire ce phénomène de sur-apprentissage. Nous avons réussi à concevoir deux modèles simplifiés de transformation linéaire par GMM, *Gamma-vector* et *Gamma-scalar*, l'avantage de ces deux modèles est qu'ils représentent moins de paramètres libres par rapport aux solutions de l'état de l'art. Par une étude comparative entre nos modèles et les modèles proposées dans l'état de l'art, nous avons remarqué que les fonctions de conversion avec moins de paramètres libres résistent bien à l'effet de sur-apprentissage sans dégrader fortement les performances. Cette observation, nous a emmené dans un deuxième temps à étudier le comportement de ces fonctions sous l'effet de la réduction du volume de données d'apprentissage. Les résultats obtenus ont révélé que sous l'influence de peu de données d'apprentissage, certaines fonctions de conversion sont sur-dimensionnées et n'arrivent pas à générer de bon scores de conversion.Si on essaye de maintenir un score de conversion satisfaisant en réduisant le volume de données d'apprentissage, le nombre de paramètres libres doit être également réduit. Obtenir des solutions optimales permet à la fois d'obtenir des fonctions avec un coût d'implémentation plus efficace et apporte une stabilité dans la phase d'estimation des paramètres pour des situations où peu de données sont disponibles par locuteurs.

Dans le chapitre 4, dans un contexte de données non-parallèles, nous avons proposé une nouvelle méthode d'appariement ayant pour objectif de nous départir de la DTW. Le but est de trouver une solution équivalente à la DTW en terme de performance des fonctions de conversion, mais sans nécessiter l'usage de corpus parallèles. La technique utilisée, *Svq-Tree*, entre dans la catégorie d'appariement de classes *Class mapping*. Elle repose sur une décomposition hiérarchique et une mise en correspondance progressive des espaces acoustiques entre locuteurs source et cible. Les bases alignées sont obtenues en utilisant deux types de correspondance : *SvqTreeT* et *SvqTreeC*, qui représentent respectivement une correspondance entre vecteurs source et cible et une correspondance entre vecteurs sources et centroides cibles. Appliqué sur un corpus de données parallèles, l'appariement obtenu permet d'obtenir des scores de conversion de l'ordre des méthodes d'appariement par DTW. Et bien entendu cette approche est applicable là où la DTW ne l'était pas.

Au cours de la deuxième partie du même chapitre, nous avons voulu tester l'influence des techniques d'alignement temporel dynamiques (DTW) sur la conversion de voix qui se trouvent fortement éloignées d'un point de vue supra-segmental (notamment la vitesse d'élocution différente). Dans ce contexte nous avons proposé deux bases de locuteurs : une première propose un style d'élocution éloigné entre locuteurs source et cible et une seconde propose un style d'élocution rapproché entre les deux locuteurs. Sur la première base, les scores observés par application de la DTW sont moins bons que par application de *SvqTree*, cela provient essentiellement de la différence de style d'élocution entre les locuteurs source et cible. Sur la deuxième base, les scores avec la DTW et le *SvqTree* sont proches. De plus, sur les deux bases étudiées, la variance globale sur les locuteurs source et cible est supérieure dans le cas l'alignement DTW que *SvqTree*. En conséquence, nous avons déduit que le style d'élocution et la variance globale liée au mode d'alignement peut influencer la qualité de transformation.

Dans le chapitre 5, notre but était de valider l'hypothèse de (sur/sous)-dimensionnement de l'ensemble des paramètres de transformation et son influence sur la qualité de transformation en fonction du volume de données d'apprentissage. On a vu dans le chapitre 3 que les modèles de transformation linéaire contenant peu de paramètres libres sont plus stables lorsqu'on diminue la quantité de données d'apprentissage. Nous avons donc cherché à vérifier si maintenant un modèle non linéaire pouvait améliorer les performances de conversion, notamment lorsque le nombre de paramètres est faible. Pour cela, nous avons opté pour le choix d'une transformation non-linéaire avec des fonctions à base radiale. Ce modèle contient moins de paramètres libres et il est plus efficace avec peu de données d'apprentissage. D'après les résultats obtenus sur une base d'apprentissage constituée de seulement 2 phrases (en moyenne 4 secondes d'enregistrement), l'approche non-linéaire par RBF donnent des scores de conversion meilleurs par GMM.

Au chapitre 6 nous avons proposé un modèle permettant d'estimer l'enveloppe spectrale. Ce modèle s'appuie sur les paramètres issus d'une projection PCA à partir d"une modélisation de type true-envelope. Notre recours à la PCA répond à la nécessité de réduire la dimension des paramètres sur lesquels on va appliquer les méthodes de transformation. Dans une première étape, nous avons appliqué le modèle PCA/true-envelope sur un espace acoustique composé de plusieurs phrases en appliquant une seule fonction de transformation de type GMM ou QV sur cet espace. La distorsion moyenne de transformation est alors de l'ordre de 7 dB. Dans une deuxième étape, on a appliqué le modèle PCA/true-envelope sur un espace acoustique, mais cette fois préalablement partitionné en classes de phonèmes. Pour chaque phone, on applique alors une fonction de conversion de type GMM ou QV propre à la classe phonétique. En appliquant cette nouvelle approche, la distorsion moyenne est passé de 7 à 3 dB. On peut justifier cette baisse, par le fait que l'alignement maintenant limité à des segments de la longueur d'un phone est plus efficace que sur des phrases. D'autre part, on évite la confusion entre classes sonores notamment entre trames acoustiques voisées et non-voisées. Nous pouvons conclure que le modèle PCA/true-envelope est très efficace lorsque les espaces acoustiques source et cible sont préalablement séparées phonétiquement, l'appariement n'en est que plus cohérent.

Perspectives

- La conversion de voix dans la plupart des SCV de l'état de l'art se fait trame par trame, excepté quelques travaux comme la technique développée par (Toda et Tokuda, 2007) qui vise à maximiser la vraisemblance sur une trajectoire spectrale.

Prendre en compte la séquence temporelle des trames est un avantage important pour la qualité de la conversion. Par exemple, l'étude de (P. et Akagi, 2009) propose un modèle basé sur une décomposition temporelle (TD) *Time Decomposition* qui tient compte de l'évolution temporelle de la parole pour faire face aux discontinuités spectrales. Dans ce contexte, nous pourrions proposer un modèle de conversion qui repose sur un TDNN (*Time Delay Neural Network*). Ce dernier est utilisé dans les systèmes de reconnaissance de la parole, il permet à la fois de modéliser la durée de la séquence de trames à convertir et d'assurer en même temps la génération des vecteurs de transformation spectrale.

- La haute qualité du signal de parole converti est liée à la prise en compte de la partie résiduelle comme cela a été proposé dans (Kain, 2001). Un système performant doit tenir compte de cette composante. On doit donc pouvoir modéliser cet espace résiduel par une fonction de conversion particulière. Cette fonction complète la tâche de la fonction de conversion principale sur la partie non-résiduelle.
- Dans le contexte de l'alignement de données non-parallèles par *SvqTree*, quelques améliorations peuvent être proposées. La première consiste à remplacer la distance euclidienne minimale entre centroïdes par une mesure de divergence de type Kulback-Leibler. L'avantage c'est qu'en utilisant les distributions de probabilité, les vecteurs de paramètres ont tendance à être mieu classés. La deuxième, on propose d'appliquer la méthode *SvqTree* par classe phonétique. Ces classes phonétiques sont issues des espaces acoustiques source et cible.
- Nous avons focalisé notre étude sur les transformées appliquées à peu de données d'apprentissage. Une autre alternative qui nous semble intéressante, concernerait l'étude de transformées sur un espace acoustique qualifié de nécessaire. C'est-à-dire trouver un espace acoustique/phonétique optimal qui conduise à une transformation source-cible efficace. Dans ce cadre, le processus de conversion ne serait appliqué que sur certains segments sonores.
- La qualité de la transformation passe par la qualité de l'alignement obtenu entre les vecteurs spectraux source et cible. Proposer des solutions au problème de *One-to-many* comme a été noté dans (Godoy *et al.*, 2009), pourrait être une piste prometteuse.

Appendices

A Estimation du modèle *Gamma-scalar*

On considère que
$$\mathcal{F}(x_n) = \sum_{m=1}^{M} P_m(x_n)(\mu_{(m,Y)} + \gamma I(x_n - \mu_{(m,X)}))$$
I est la matrice identité de taille q.

Donc $I(x_n - \mu_{(m,X)}) = (x_n - \mu_{(m,X)})$

Ensuite la fonction de conversion $\mathcal{F}(x_n)$ devient
$$\mathcal{F}(x_n) = \sum_{m=1}^{M} P_m(x_n)(\mu_{(m,Y)} + \gamma(x_n - \mu_{(m,X)}))$$

L'erreur carrée correpsond à :
$$e^2 = \sum_{n=1}^{N} ||y_n - F(x_n)||^2$$
$$= \sum_{n=1}^{N} ||y_n - \sum_{m=1}^{M} P_m(x_n)(\mu_{(m,Y)} + \gamma(x_n - \mu_{(m,X)}))||^2$$
$$= \sum_{n=1}^{N} ||(y_n - \sum_{m=1}^{M} P_m(x_n)\mu_{(m,Y)}) - \gamma(x_n - \sum_{m=1}^{M} P_m(x_n)\mu_{(m,X)})||^2$$
$$= \sum_{n=1}^{N} (||(y_n - \sum_{m=1}^{M} P_m(x_n)\mu_{(m,Y)})||^2 + \gamma^2 ||(x_n - \sum_{m=1}^{M} P_m(x_n)\mu_{(m,X)})||^2 - 2\gamma(y_n - \sum_{m=1}^{M} P_m(x_n)\mu_{(m,Y)})^T (x_n - \sum_{m=1}^{M} P_m(x_n)\mu_{(m,X)}))$$

Le paramètre γ est estimé en minimisant l'erreur carrée, cela correspond à :
$$\frac{de^2}{d\gamma} = 0$$

L'expression dérivée est
$$\frac{de^2}{d\gamma} = \sum_{n=1}^{N} 2\gamma ||(x_n - \sum_{m=1}^{M} P_m(x_n)\mu_{(m,X)})||^2 - 2(y_n - \sum_{m=1}^{M} P_m(x_n)\mu_{(m,Y)})^T (x_n - \sum_{m=1}^{M} P_m(x_n)\mu_{(m,X)})$$

On obtient :
$$\gamma = \frac{\sum_{n=1}^{N} \left(y_n - \sum_{m=1}^{M} P_m(x_n)\mu_{(m,Y)}\right)^T \left(x_n - \sum_{m=1}^{M} P_m(x_n)\mu_{(m,X)}\right)}{\sum_{n=1}^{N} \left(x_n - \sum_{m=1}^{M} P_m(x_n)\mu_{(m,X)}\right)^T \left(x_n - \sum_{m=1}^{M} P_m(x_n)\mu_{(m,X)}\right)}$$

$||.||$:est la norme du vecteur, T est l'indice de transposition.

B Estimation du modèle *Gamma-vector*

On considère que la fonction de conversion suit la forme suivante :
$$\mathcal{F}(x_n) = \sum_{m=1}^{M} P_m(x_n)(\mu_{(m,Y)} + \Gamma(x_n - \mu_{(m,X)}))$$

Tel que $\Gamma = \begin{pmatrix} \gamma_1 & 0 & 0 & . & . & 0 \\ 0 & \gamma_2 & 0 & . & . & . \\ . & 0 & \gamma_3 & . & . & . \\ . & . & 0 & . & . & . \\ . & . & . & . & \gamma_{q-1} & 0 \\ 0 & 0 & 0 & . & 0 & \gamma_q \end{pmatrix}$

Pour simplifier le processus d'optimisation, on projette la fonction de conversion par dimension, on obtient par la suite

$\mathcal{F}(x_n)^j = \sum_{m=1}^{M} P_m(x_n)(\mu_{(m,Y)}^j + \gamma_j(x_n^j - \mu_{(m,X)}^j))$

Tel que j varie de 1 à q.

L'erreur carrée par dimension correspond à :

$e_j^2 = \sum_{n=1}^{N} (y_n^j - F(x_n)^j)^2$
$= \sum_{n=1}^{N} (y_n^j - \sum_{m=1}^{M} P_m(x_n)(\mu_{(m,Y)}^j + \gamma_j(x_n^j - \mu_{(m,X)}^j)))^2$
$= \sum_{n=1}^{N} ((y_n^j - \sum_{m=1}^{M} P_m(x_n)\mu_{(m,Y)}^j) - \gamma_j(x_n^j - \sum_{m=1}^{M} P_m(x_n)\mu_{(m,X)}^j))^2$
$= \sum_{n=1}^{N} (y_n^j - \sum_{m=1}^{M} P_m(x_n)\mu_{(m,Y)}^j)^2 + \gamma_j^2(x_n^j - \sum_{m=1}^{M} P_m(x_n)\mu_{(m,X)}^j)^2 - 2\gamma_j(y_n^j - \sum_{m=1}^{M} P_m(x_n)\mu_{(m,Y)}^j)(x_n^j - \sum_{m=1}^{M} P_m(x_n)\mu_{(m,X)}^j)$

Le paramètre γ_j est estimé en minimisant l'erreur carrée par dimension, cela correspond à

$\frac{de_j^2}{d\gamma_j} = 0$

L'expression dérivée est :

$\frac{de_j^2}{d\gamma_j} = \sum_{n=1}^{N} 2\gamma_j(x_n^j - \sum_{m=1}^{M} P_m(x_n)\mu_{(m,X)}^j)^2 - 2(y_n^j - \sum_{m=1}^{M} P_m(x_n)\mu_{(m,Y)}^j)(x_n^j - \sum_{m=1}^{M} P_m(x_n)\mu_{(m,X)}^j)$

On obtient donc :

$$\gamma^j = \frac{\sum_{n=1}^{N} \left(y_n^j - \sum_{m=1}^{M} P_m(x_n)\mu_{(m,Y)}^j\right)\left(x_n^j - \sum_{m=1}^{M} P_m(x_n)\mu_{(m,X)}^j\right)}{\sum_{n=1}^{N} \left(x_n^j - \sum_{m=1}^{M} P_m(x_n)\mu_{(m,X)}^j\right)^2}$$

C Transformation non-linéaire par la méthode OLS

La méthodologie d'OLS *Orthogonal Least Square* est la suivante, on apprend le modèle de la fonction de transformation y par la i^{me} dimension :

$$y_i = b_i + \sum_{k=1}^{k=m} w_{k,i} \, h_k, 1 \leq i \leq q \tag{31}$$

Tel que :

b_i : est le biais pour la i^{me} dimension de la cible.

$w_{k,i}$ est le poids synaptique entre le k^{me} centre et la i^{me} dimension de la cible.

m : représente le nombre de centres représentant la base d'apprentissage, ce nombre est obtenu par un critère d'arrêt.

h_k : est le noyau à base radiale, généralement on choisit une gaussienne ou une thin plate spline.

$h_k(x) = \phi(\frac{\|x-c_k\|^2}{\sigma_k^2})$, x est le vecteur de paramètres source.

c_k : est le centre choisit à partir de la base d'apprentissage des vecteur sources, on le selectionne par un critère d'erreur maximale.

σ_k : est la variance du k^{me} champs récepteur.

Si on prend le modèle matriciel de 31, on obtient :

$$Y = PW + E$$

$$\begin{bmatrix} y^1 \\ y^2 \\ \\ \\ = \\ \\ \\ \\ y^N \end{bmatrix} \begin{bmatrix} h_1(x^1) & h_2(x^1) & & h_m(x^1) & 1 \\ h_1(x^2) & h_2(x^2) & & h_m(x^2) & 1 \\ & & & & 1 \\ & & & & 1 \\ & & & & 1 \\ & & & & 1 \\ & & & & 1 \\ h_1(x^N) & h_2(x^N) & & h_m(x^N) & 1 \end{bmatrix} \begin{bmatrix} w_1 \\ w_2 \\ \\ \\ \\ \\ w_m \\ b \end{bmatrix} + \begin{bmatrix} e^1 \\ e^2 \\ \\ \\ \\ \\ \\ e^N \end{bmatrix}$$

tel que E : est le vecteur erreur

On pose

$$P = \theta A$$

θ représente l'image orthogonale de P

A est la matrice triangulaire supérieure qui contient les coefficients d'orthogonalisation voir (Chen et al., 1989).

Donc, on aura :
$$Y = \theta A\ W + E$$

on pose
$$G = A\ W$$

Donc on aura :
$Y = \theta\ G + E$
Notons que $H = \theta^T \theta$
Les colonnes de θ sont $\perp$ une à une, donc H est une matrice diagonale, avec des éléments $h_k = \theta_k^T \theta_k$, $k = 1..(m+1)$
Cette propriété rend OLS intéressante, la solution orthogonale g calculée par

$$g = H^{-1} \theta^T Y$$

peut être ré-écrite sous la forme suivante :

$$g_k = \frac{\theta_k^T Y}{\theta_k^T \theta_k}, k = 1..(m+1)$$

Donc on ajoute au réseau un centre qui correspond à l'indice l_k de la base :

$$l_k = argmax(\frac{g_k^2 \theta_k \theta_k^T}{Y^T Y})$$

L'erreur qui correspond au centre choisit est :

$$err_k = max(\frac{g_k^2 \theta_k \theta_k^T}{Y^T Y})$$

et on trouve la solution recherchée $\widehat{W}$ suivant le système triangulaire :

$$A\widehat{W} = \widehat{G}$$

Il faut signaler que l'apprentissage est incrémental, à chaque itération on ajoute un centre et on calcule les poids correspondant, jusqu'à atteindre un seuil d'arrêt, en respectant la condition suivante :

$$1 - \sum_{k=1}^{k=m} err_k^2 > seuil$$

Bibliographie

M. ABE : A segment-based approach to voice conversion. *In ICASSP*, p. 765 – 768, 1991.

M. ABE, S. NAKAMURA, K. SHIKANO et H. KUWABARA : Voice conversion through vector quantization. *In International Conference on Acoustics, Speech, and Signal Processing*, vol. 1, p. 655–658, New York, April 1988.

A. ALEJANDRO, J. U. , P. D. AGUERO, A. BONAFONTE et J. C. TULI : Voice conversion using k-histograms and frame selection. *In Interspeech*, p. 1639–1642, 2009.

L. M. ARSLAN : Speaker transformation algorithm using segmental codebooks (stasc). *Speech Communication*, 28:211 – 226, 1999.

R. T. ARTHUR : Using articulatory position data to improve voice transformation. *In Phd Thesis, Carnegie Mellon University*, December 2008.

L. BLIN, O. BOEFFARD et V. BARREAUD : Web-based listening test system for speech synthesis and speech conversion evaluation. *Proc. LREC 2008, Marrakech, Morocco, May 28-30.*, p. 505–508, 2008.

O. CAPPÉ, J. LAROCHE et E. MOULINES : Regularized estimation of cepstrum envelope from discrete frequency points. *IEEE Signal Processing Letters*, 3(4):100–102, 1996.

S. CHEN, C. F. N. COWAN et P. M. GRANT : Orthogonal least squares learning algorithm for radial basis function networks,. *In IEEE Transaction on Neural Network*, p. vol. 2, N. 2, pp. 302–309, 1989.

Y. CHEN, M. CHU, E. CHANG et J. LIU : Voice conversion with smoothed gmm and map adaptation. *In EUROSPEECH*, p. 2413 – 2416, Geneva, Switzerland, September 2003.

D. CHILDERS : Glottal source modeling for voice conversion. *In Speech Communication*, vol. 16, p. 127,138, 1995.

A. P. DEMPSTER, N. M. LAIRD et D. B. RUBIN : Maximum likelihood from incomplete data via the em algorithm. *In Journal of the Royal Statatistic Society*, vol. 39, p. 1–38, 1977a.

A. P. DEMPSTER, N. M. LAIRD et D. B. RUBIN : Maximum likelihood from incomplete data via the em algorithm. *Journal of the Royal Statistical Society*, 1977b.

C. DRIOLI : Radial basis function networks for conversion of sound spectra. *In Eurasip Journal of applied signal processing*, p. 36–44, 2001.

DUTOIT : Cours sur le traitement de la parole http ://tcts.fpms.ac.be/cours/1005-07-08/speech/parole.pdf. 2008.

H. DUXANS : Voice conversion applied to text-to-speech systems. *In Phd Thesis, Universitat Politècnica de Catalunya*, 2006.

H. DUXANS et AL. : Voice conversion of non-aligned data using unit selection. *In TCSTAR*, p. 237 – 242, Barcelona, Spain, 2006.

H. DUXANS, A. BONAFONTE, A. KAIN et J. VAN SANTEN : Including dynamic and phonetic information in voice conversion systems. *In Proceedings of the International Conference on Spoken Language Processing*, p. 1193–1196, 2004.

A. EL-JAROUDY et J. MAKHOUL : Discrete all pole modelling. *IEEE Trans. Acoust., Speech*, 39(2):411–423, 1991.

T. EN-NAJJARI : Conversion de voix pour la synthèse de la parole. *In Thèse de doctorat, Université de Rennes 1*, Avril 2005.

T. EN-NAJJARY, O. ROSEC et T. CHONAVEL : Influence de la modélisation spectrale sur les performances d'un système de conversion de voix. *In GRETSI colloque*, 2003.

D. ERRO : Intra-lingual and cross-lingual voice conversion using harmonic plus stochastic models. *In Phd Thesis, Universitat Politècnica de Catalunya*, 2008.

D. ERRO et A. MORENO : Frame alignment method for cross-lingual voice conversion. *In Interspeech*, p. 1969 – 1972, Antwerp, Belgium, 2007.

G. FANT : Acoustic theory of speech production with calculations based on x-ray studies of russian articulation. The Hague, 1970.

T. GALAS et X. RODET : An improved cepstral method for deconvolution of source filter systems with discrete spectra : Application to musical sound signals. *In Proceedings of the International Computer Music Conference*, p. 82–84, 1990.

E. GODOY, O. ROSEC et T. CHONAVEL : Alleviating the one to many mapping problem in vc with context-dependant modelling. *In Interspeech*, p. 1627–1631, Brighton, UK, 2009.

J. HELANDER, N. J. et M. GABBOUJ : Lsf mapping for voice conversion with very small training sets. *In ICASSP 2008*, p. 4669–4672, 2008.

J. P. HOSOM : Automatic time alignment of phonems using acoustic-phonetics information. *In Phd Thesis, Oregon graduate institute of science and technology*, May 2000.

C. HSIA, C. WU et J. WU : Conversion function clustering and selection using linguistic and spectral information for emotional voice conversion. *In IEEE Transactions on Computers*, p. 1245, 2007.

C. HUANG, T. CHEN, S. LI, E. CHANG et J. L. ZHOU : Analysis of speaker variability. *Proc. Eurospeech'01*, 2:1377–1380, 2001.

G. HUGHES : On the mean accuracy of statistical pattern recognizers. *IEEETrans. Information Theory*, 14(1):55–63, 1968.

S. IMAI et Y. ABE : Spectral envelope extraction by improved cepstral method. *Electron. and Commun.*, 62-A(4):10–17, 1979.

N. IWAHASHI et Y. SAGISAKA : Speech spectrum conversion based on speaker interpolation and multi- functionnal representation with weighting by radial basis function networks. *Speech Communication*, 16:139–151, 1995a.

N. IWAHASHI et Y. SAGISAKA : Speech spectrum conversion based on speaker interpolation and multi-functional representation with weighting by radial basis function networks. *In Speech Communication*, p. 139–151, 1995b.

A. KAIN : High resolution voice transformation. *In Phd Thesis, OGI school of science and engineering*, 2001.

A. KAIN et M. W. MACON : Design and evaluation of a voice conversion algorithm based on spectral envelope mapping and residual prediction. *In IEEE Transactions on Acoustic, Speech, and Signal Processing*, vol. 2, p. 813,816, 2001.

A. KAIN et M. W. MACON : Spectral voice conversion for text-to-speech synthesis. *In International Conference on Acoustics, Speech, and Signal Processing*, vol. 1, p. 285–288, 1998.

A. B. KAIN, J. P. HOSAN et X. NIU : Improving the intelligibility of dysarthic speech. *In Speech Communication*, vol. 49, p. 743–759, 2007.

T. KAMM, G. ANDREOU et J. COHEN : Vocal tract normalization in speech recognition : Compensating for systematic speaker variability. *Proc. of the 15th Annual Speech Research Symposium, Baltimore, USA*, 1995.

N. B. KARYANIS : Reformulated radial basis function neural network trained by gradient descent,. *In IEEE Transaction on Neural Network*, p. vol. 10, pp. 657–669, 1999.

H. KAWAHARA : Speech representation and transformation using adaptive interpolation of weighted spectrum : vocoder revisited. *In ICASSP*, p. 1303–1307, 1997.

E. KIM, S. LEE et O. Y. H. : Hidden markov model based voice conversion using dynamic characteristics of speaker. *In Proceedings of the European Conference on Speech Communication and Technology*, p. 1311–1314, 1997.

R. KOHAVI : A study of cross-validation and bootstrap for accuracy estimation and model selection. *In Proceedings of the Fourteenth International Joint Conference on Artificial Intelligence*, p. 1137–1143, San Mateo, 1995.

J. KOMINEK et A. BLACK : The cmu arctic speech databases for speech synthesis research. *Tech. Rep. CMU-LTI-03-177*, 2003.

L. LAMEL, J.-L. GAUVAIN et M. ESKENAZI : Bref, a large vocabulary spoken corpus for french. *Proc. Eurospeech'91, September 24-26*, p. 505–508, 1991.

R. LAROIA, N. PHAMDO et N. FARVARDIN : Robust efficient quantization of speech lsp parameters using structured vector quantizers. *Proc. ICASSP*, p. 641–644, 1991.

C. LEE et C. WU : Map-based adaptation for speech conversion using adaptation data selection and non-parallel training. *In ICSLP*, p. 2254–2257, 2006.

K. LEE : Statistical approach for voice personality transformation. *In IEEE Transactions on Audio, Speech and Language Processing*, p. 641–651, 2007.

C. LEGGETER et P. WOODLAND : Flexible speaker adaptation using maximum likelihood linear regression. *Proc. Eurospeech'95*, 1995.

Y. LINDE, A. BRUZO et R. GRAY : An algorithm for vector quantizer design. *IEEE TRANSACTIONS on Communication*, 28:84–95, 1980.

M. LOEVE : Probability theory. *In 4-th Eds. Springer Verlag*, vol. 46, 1978.

R. MCAULAY et T. QUATIERI : Speech analysis/synthesis based on a sinusoidal representation. *In IEEE Transactions on Acoustics, Speech and Signal Processing*, p. 744 – 754, 1986.

L. MESBAHI, V. BARREAUD et O. BOEFFARD : Comparing gmm-based speech transformation systems. *In Interspeech*, p. 1989 – 1992, Antwerp, Belgium, 2007a.

L. MESBAHI, V. BARREAUD et O. BOEFFARD : Gmm-based speech transformation systems under data reduction. *In SSW6*, p. 119 – 124, Bonn, Germany, 2007b.

L. MESBAHI, V. BARREAUD et O. BOEFFARD : Non-parallel hierarchical training for voice conversion. *In EUSIPCO*, 2008.

L. MESBAHI, V. BARREAUD et O. BOEFFARD : Comparing linear and non-linear transformation of speech. *In WSEAS - SSIP*, p. 68–73, 2009.

W. MICHAEL et A. RECHTSTEINER : Singular value decomposition and principal component analysis. *In Kluwer Norwell, Ma*, p. 91–109, 2003.

H. MIZUNO et M. ABE : Voice conversion algorithm based on piecewise linear conversion rules of formant frequency and spectrum tilt. *In Speech Communication*, p. 153–164, 1995.

A. MOUCHTARIS, Y. AGIOMYRGIANNAKIS et Y. STYLIANOU : Conditional vector quantization for voice conversion. *In ICASSP - International Conference on Acoustics, Speech, and Signal Processing*, p. 505–508, 2007.

A. MOUCHTARIS, V. SPIEGEL et P. MUELLER : Non-parallel training for voice conversion by maximum likelihood constrained adaptation. *In ICASSP*, vol. 1, p. I–1,I–4, 2004.

E. MOULINE et F. CHARPENTIER : Pitch-synchronous waveform processing techniques for text-to-speech synthesis using diphones. *In Elsevier Science Publishers B. V*, p. 453–467, 1990.

E. MOULINES et F. CHARPENTIER : Pitch-synchronous waveform processing techniques for text-to-speech synthesis using diphones. *Speech Commun.*, 9(5-6):453–467, 1990. ISSN 0167-6393.

M. NARENDRANATH, H. A. MURTHY, S. RAJENDRAN et B. YEGNANARAYANA : Transformation of formants for voice conversion using artificial neural networks. *In Speech Communication Journal*, vol. 16, p. 207–216, Elsevier Science B. V., 1995.

N. OBIN : Apprentissage de la correlation de la f0 et de l'enveloppe spectrale :application à la transposition de la voix parlée. *In Rapport IRCAM, Univ. Pierre et Marie Curie*, 2006.

Y. OHTANI, T. TODA, H. SARUWATARI et K. SHIKANO : Speaker adaptive training for one-to-many eigenvoice conversion based on gaussian mixture model. *In Interspeech*, p. 1981 – 1984, Antwerp, Belgium, 2007.

A. OPPENHEIM : Speech analysis-synthesis system based on homorphic filtering. 1968.

N. B. P. et M. AKAGI : Efficient modelling of temporal structure of speech for applications in voice transformation. *In Interspeech*, p. 1631–1634, 2009.

PYTHOD et XAUTHOS : Cours de phonetique http ://www.unil.ch/ling/phon/index.html. 2003.

K. RAVINDRA et H. SAMAN : Reducing the number of training samples for fast support vector machine classification. *Neural Information Processing-Letters nd Reviews*, 2, March 2004.

J. RAYAN et P. RAYNER : Model order selection for singular alue decomposition and the discrete karhunen loeve transformation using a bayesian approach. *In IEE proceeding*, vol. 144(2), 1997.

D. A. REYNOLDS, T. F. QUATIERY et D. R. B. : Speaker verification using adapted gaussian mixture model. *Digital Signal Processing*, 10:19–41, 2000a.

D. A. REYNOLDS, T. F. QUATIERI et R. B. DUNN : Speaker verification using adapted gaussian mixture models. *In Digital Signal Processing*, vol. 10, p. 19–41, 2000b.

A. ROBEL et X. RODET : Efficient spectral envelope estimation and its application to pitch shifting and envelope preservation. *In DAF'x'05*, Spain, 2005.

A. ROBEL, F. VILLAVICENCIO et X. RODET : On cepstral and all pole based spectral envelope modeling with unknown model order. vol. 28, p. 1343–1350, 2007.

H. SAKOE et S. CHIBA : Dynamic programming algorithm optimization for spoken word recognition. *In IEEE Transactions on Acoustic, Speech, and Signal Processing*, p. 43 – 49, Feb 1978.

K. SHIKANO, S. NAKAMURA et M. ABE : Speaker adaptation and voice conversion by codebook mapping. *In IEEE International Symposium on Circuits and Systems*, p. 594–597, 1991.

Y. STYLIANOU, O. CAPPÉ et E. MOULINES : Statistical methods for voice quality transformation. *In EUROSPEECH*, p. 447–450, Madrid, Espagne, 1995.

Y. STYLIANOU, O. CAPPÉ et E. MOULINES : Continuous probabilistic transform for voice conversion. *In IEEE Transactions on Speech and Audio Processing*, vol. 6, p. 131–142, 1998.

Y. STYLIANOUN : Harmonic plus noise models for speech, combined with statistical methods for speech and speaker modification. *In Phd Thesis, ENST Paris*, 1996.

D. SÜNDERMANN, A. BONAFONTE, H. NEY et H. HÖGE : A first step towards text-independant voice conversion. *In ICSLP*, 2004.

D. SÜNDERMANN, H. HÖGE, A. BONAFONTE et H. DUXANS : Residual prediction. *In IEEE Symposium on Signal Processing and Information Technology*, p. 512–516, 2005.

D. SÜNDERMANN, H. HÖGE, A. BONAFONTE, H. NEY et J. HIRSHBERG : Text-independant cross-language voice conversion. *In ICSLP*, 2006.

D. SÜNDERMANN et H. NEY : Vtln-based voice conversion. *In IEEE Symposium on Signal Processing and Information Technology*, 2003.

D. TANI, T. TODA, Y. OHTANI, H. SARUWATARI et K. SHIKANO : Maximum a posteriori adaptation for many-to-one eigenvoice conversion. *In ICSLP*, p. 1461–1464, 2008.

A. W. TODA, T.and Black et K. TOKUDA : Voice conversion based on maximum-likelihood estimation of spectral parameter trajectory. *IEEE TRANSACTIONS ON AUDIO, SPEECH, AND LANGUAGE PROCESSING*, 15, NO. 8:2222–2235, 2007.

T. TODA : High quality and flexible speech synthesis with segment selection and voice conversion. *In Phd Thesis, Nara institute of science and technology, Japan*, 2003.

T. TODA, Y. OHTANI et K. SHIKANO : Eigenvoice conversion based on gaussian mixture model. *In ICSLP*, p. 2446–2449, 2006.

T. TODA, H. SARUWATARI et K. SHIKANO : Voice conversion algorithm based on gaussian mixture model with dynamic frequency warping of straight spectrum. *In IEEE Transactions on Acoustic, Speech, and Signal Processing*, vol. 2, p. 841,844, 2001.

T. TODA, A. W. BLACK et K. TOKUDA : Spectral conversion based on maximum likelihood estimation considering global variance of converted parameter. *In International Conference on Acoustics, Speech, and Signal Processing*, p. I9–I12, 2005.

K. TOKUDA, T. YOSHIMURA, T. MASUKO, T. KOBAYASHI et T. KITAMURA : Speech parameter generation algorithms for hmm-based speech synthesis. *In ICASSP - International Conference on Acoustics, Speech, and Signal Processing*.

M. TOKUHURA et Y. ARIKI : Effectiveness of kl-transformation in spectral delta expansion. *In Interspeech*, p. 359–362, 1999.

O. TURK : Cross-lingual voice conversion. *In Phd Thesis, Bogaziçi University*, 2007.

O. TURK et L. ARSLAN : Robust processing techniques for voice conversion. *In Journal of Computer Speech and Language*, p. 441–467, 2006.

I. T. UNION : Methods for subjective determination of transmission quality. *ITU-T Recommendation*, p. P800, 1996.

A. URIZ, P. AGÜERO, B. ANTONIO et J. TULLI : Voice conversion using k-histograms and frame selection. *In Interspeech 2009*, p. 1639–1642, 2009.

H. VALBRET, E. MOULINES et J. P. TUBACH : Voice transformation using psola technique. *In Speech Communication Journal*, vol. 11, p. 175–187, Elsevier Science B. V., 1992.

F. VILLAVICENCIO, A. ROEBEL et X. RODET : Improving lpc spectral envelope extraction of voiced speech by true-envelope estimation. *In ICASSP - International Conference on Acoustics, Speech, and Signal Processing*, p. I(869–872), 2006.

D. VINCENT, O. ROSEC et T. CHONAVEL : A new method for speech synthesis and transformation based on a arx-lf source-filter decomposition and hnm modeling. *In ICASSP*, p. 525–528, 2007.

M. WALL et L. R. RECHSTEINER : Singular value decomposition and pca. *In M. G. Ranzon, Eds. Kluwer :Norwell, MA*, p. 91–109.

T. WATANABE, M. TAKAHIRO, M. NAMBA, T. HOYA et Y. ISHIDA : Transformation of spectral envelope for voice conversion based on radial basis function networks. *In International Conference on Spoken Language Processing*, p. 285–288, Denver, USA, September 2002.

H. YE et Y. S. : Quality-enhanced voice morphing using maximum likelihood transformations. *IEEE Trans. Audio Speech and Language Processing*, 14:1301–1312, 2006.

H. YE et S. YOUNG : Voice conversion for unknown speakers. *In Proceeding of the Int. Conf. on Spoken Language Processing*, p. 1161,1164, 2004.

Table des figures

1.1 Les différentes zones décrivant le conduit vocal (d'après le site de ircam.fr). . 3
1.2 Représentation des organes de l'appareil phonatoire (d'après le site de mcgill.ca). 4
1.3 Représentation d'un signal parole, la tranche de 0 à 400 ms concerne la partie non-voisée et de 400 à 1000 ms la partie voisée. 5
1.4 Prononciation de la phrase "On arrive à des situation absurdes" par deux locuteurs. Pour le locuteur femme : (a) Représentation du signal parole et (b) sa fréquence fondamentale. Pour le locuteur homme : (c) Représentation du signal parole et (d) sa fréquence fondamentale. 6
1.5 Description du modèle source-filtre : en haut à gauche le signal d'excitation, en haut à droite le filtre modélisant le conduit vocal et en bas le signal de parole généré. 7

2.1 Les différentes étapes décrivant le processus de transformation de la voix. 14
2.2 Alignement temporel DTW entre les trames source et cible. 15
2.3 Les différentes approches appliquées à la transformation de la voix. . . . 32

3.1 Représentation du lissage excessif sur le spectre de la transformée (converti) d'après le papier de (Toda et Tokuda, 2007). 34
3.2 Comparaison des trajectoires des paramètres spectrales de la cible et de la transformée par GMM, d'après le papier de (Toda et Tokuda, 2007). . 35
3.3 Apprentissage de la fonction de transformation de l'espace acoustique source vers la cible. 37
3.4 Exemple d'un partitionnement de l'espace acoustique de locuteur par un GMM à 16 composantes Gaussienes. La projection de l'espace acoustique est faite avec une analyse en deux composantes principales 38

3.5 Description du phénomène de surapprentissage. La courbe (en pointillé) représente l'erreur sur l'ensemble de test au cours de plusieurs itérations. La courbe (en contiue) est l'erreur sur l'ensemble d'apprentissage. Lorsque l'erreur sur l'ensemble de test augmente tandis que l'erreur d'apprentissage diminue régulièrement, alors on fait alors face à un problème de surapprentissage. 46

3.6 Représentation de la matrice de covariance conjointe (source-cible) de la 16eme Gaussienne, prise sur un GMM à 128 composantes, modélisant ainsi l'espace des locuteurs *bdl* et *jmk* issues de la base ARCTIC. 48

3.7 Évolution des scores moyens de la distance cepstrale normalisée en fonction du nombre de composantes par GMM pour la transformation *joint-full* et *gamma-scalar*. Les mesures sont faites sur les corpus d'apprentissage et de test issus de la base Arctic avec un intervalle de confiance à 95%. 51

3.8 Comparaison des scores de distance cepstrale normalisée entre locuteur transformé et locuteur cible. Les mesures sont faites sur les corpus de test et d'apprentissage sur la base Arctic avec un GMM à 64 composantes. . 54

3.9 Évolution des scores de distance cepstrale normalisée en fonction des réductions des données à 75%, 50%, 25%, 10% et 5% sur bdl-jmk. Les mesures sont effectuées sur le corpus de test pour les approches *joint-full*, *source-diag* et *gamma-vector*. Les intervalles de confiance à 95% sont de l'ordre de 10^{-3} 58

3.10 Évolution des scores de distance cepstrale normalisée pour le seuil de réduction à 25%, en fonction du nombre des composantes du GMM pour les approches *joint-full*, *source-diag* et *gamma-vector*sur le corpus de test. 59

3.11 Évolution des scores de distance cepstrale normalisée pour l'approche *joint-full*, pour les réductions à 75%, 50%, 25% et 10%, en fonction du nombre des Gaussiennes sur le corpus de d'apprentissage. 60

3.12 Évolution des scores de distance cepstrale normalisée pour l'approche *joint-full*, pour les réductions à 75%, 50%, 25% et 10%, en fonction du nombre des Gaussiennes sur le corpus de test. 61

4.1 Représentation des espaces acoustiques source et cible. Certaines classes contiennent un mélange de vecteurs source et cible, d'autres contiennent exclusivement des vecteurs source ou cible. Les lignes en pointillé représentent les paires alignées par DTW. 65

4.2 Correspondance des classes acoustiques source et cible en utilisant un arbre quaternaire à un niveau. L'arc en continue représente la correspondance entre la classe source avec celle de la cible, en respectant un critère de distance minimale sur les centroïdes. 66

4.3 Correspondance des classes acoustiques source et cible en utilisant un arbre binaire à deux niveaux. L'arc en continue représente la correspondance entre la classe source avec celle de la cible, en respectant un critère de distance minimale entre les centroïdes. 67

4.4 Décomposition hiérarchique et conjointe des sous-espaces acoustiques source et cible à deux niveaux. μ_x^i et μ_y^j sont les centroïdes des clusters source et cible. On note en pointillé l'appariement des centroides. 68

4.5 Description de la fonction de mapping par $svqTreeC$, en alignant les vecteurs source aux centroides de l'espace cible. 70

4.6 Description de la fonction de mapping par $svqTreeT$, en alignant les vecteurs sources aux vecteurs cibles, en passant par la correspondance des centroïdes source et cible. 71

4.7 Trajectoires du premier paramètre MFCC de la phrase cible (pointillé) et la phrase source appariée avec une DTW (continue) 76

4.8 Trajectoires du premier paramètre MFCC de la phrase cible (pointillé) et la phrase source appariée avec $svqTreeT$ (continue) 77

4.9 Représentation des moyennes RMS pour les 13 paramètres MFCC de la cible (d'origine en diamond, par DTW en cercle et par svqTreeT en carré). L'intervalle de confiance est calculé sur les 90 phrases de test avec 95% de degré de confiance. 78

4.10 Comparaison des alignements DTW et $svqTree$ sur les bases $bdl2jmk$, $jmf2jnf$ et $jnf2jmf$, en considérant la transformation $gamma$-$vector$ pour les différentes composantes GMM (8, 16 et 32). 86

5.1 Description de la transformation non-linéaire pour la i^{me} dimension d'un vecteur acoustique avec les fonctions à base radiale. 91

5.2 Représentation de trois formes de noyaux (moyen(continu), large(discontinu) et étroit(pointillé)). 92

5.3 Comparaison des trajectoires du 3me paramètre cepstral issue de la base bdl-jmk-D. En vert (+) la cible, en bleu la transformée par RBF et en rouge (x) la transformée par GMM. 96

6.1 Exemple de calcul de la true envelope sur un segment de phone /aa/. L'enveloppe est estimée après convergence sur 170 itérations. 101

6.2 Exemple de projection par PCA des données tridimensionnelles sur deux dimensions dans le plan formé à partir des deux vecteurs du graphique de gauche. À gauche, les données en trois dimensions, à droite, les données dans le plan des composantes principales. 102

6.3 Processus de Projection et de reconstruction par PCA/true-envelope. . 103

6.4 Moyenne de distorsion entre l'enveloppe source et l'enveloppe reconstruite par un modèle PCA à 8 et 16 dimension respectivement. Cette distorsion est calculée sur la base de test du locuteur jmf. 106

6.5 Moyenne de distorsion entre l'enveloppe source et l'enveloppe reconstruite par un modèle PCA à 32 et 64 dimension respectivement. Cette distorsion est calculée sur la base de test du locuteur jmf. 107

6.6 Comparaison d'enveloppes entre le modèle LPC et le modèle PCA/true-envelope. L'ordre des LPC est de 13 et la PCA est de l'ordre de 32. Cette comparaison est effectuée sur un segment du phone /ai/. 109

6.7 Transformation de type PCA/true-envelope avec le modèle de transformation A et B respectivement. Le nombre de classes utilisées est fixé à 32. 116

6.8 Transformation de type PCA/true-envelope avec le modèle de transformation C et D respectivement. Le nombre de classes utilisées est fixé à 32. 117

6.9 Transformation de type PCA/true-envelope pour le modèle de transformation E. Le nombre de classes utilisées est fixé à 32. 118

6.10 Les différentes étapes décrivant le processus de transformation à partir d'étiquettes phonétiques sur les paramètres du modèle PCA/true-envelope. 119

6.11 Transformation de la True-envelope basée sur le modèle PCA, appliquée sur un phone voisé /aa/ (GMM et QV respc.). 123

6.12 Transformation de la True-envelope basée sur le modèle PCA, appliquée sur un phone non-voisée /mm/ (GMM et QV respc.). 124

6.13 Représentation de la True-envelope (transformée et cible) par modèle PCA sur le phonème /aa/ vecteur 100(QV 64). 125

6.14 Représentation de la True-envelope (transformée et cible) par modèle PCA sur le phonème /ch/ vecteur 100(QV16). 125

6.15 Représentation de la True-envelope (transformée et cible) par modèle PCA sur le phonème /jj/ vecteur 50(QV16). 126

6.16 Représentation de la True-envelope (transformée et cible) par modèle PCA sur le phonème /mm/ vecteur 100(QV16). 126

6.17 Représentation de la True-envelope (transformée et cible) par modèle PCA sur le phonème /ai/ vecteur 100 et 250 (QV64). 127

6.18 Représentation de la True-envelope (transformée et cible) par modèle PCA sur le phonème /in/ vecteur 150(QV64). 127

6.19 Représentation de la True-envelope (transformée et cible) par modèle PCA sur le phonème /ss/ vecteur 100 et 200(QV512). 128

Résumé

Le travail effectué dans cette thèse présente une évaluation des techniques de transformation de voix à base de GMM. Ces techniques de transformation linéaires malgré leurs qualité obtenue, elles ne manquent pas de quelques défauts, on peut noter le surlissage (*oversmoothing*), le problème de distorsion spectrale et le sur-apprentissage (*overfitting*). Dans un premier volet, nous avons pris en compte ces questions pour adapter la stratégie d'apprentissage des fonctions de conversion. La première c'est la réduction du nombre des paramètres libres de la fonction de conversion. La deuxième considère que les solutions par transformation linéaire sont instables face au peu de données d'apprentissage, d'où le recours aux modèles de transformation non-linéaire de type RBF. Dans un deuxième volet, pour apprendre la fonction de conversion, on a besoin d'aligner les données issues des locuteurs source et cible, or dans la plupart du temps ces données ne sont pas parallèles. Notre proposition consiste à correspondre ces données via une représentation récursive d'un arbre binaire, dont la profondeur dépend du volume des données d'apprentissage. Dans un dernier volet, pour obtenir une haute qualité de voix, l'utilisation d'un modèle de true-envelope est nécessaire. Pour cela, le recours aux techniques de réduction de dimension par PCA est indispensable avant d'appliquer les méthodes de conversion. Cette solution s'avère plus efficace lorsqu'on applique les méthodes de transformation sur différentes classes phonétiques.

Mots-clés : Conversion de voix, Apprentissage, Alignement, Classification, segmental, GMM, RBF, Quantification vectorielle, True-envelope, Classes phonétiques

Abstract

This work presents an experimental evaluation of various voice transformation techniques based on GMM models. These linear transforms, despite their quality obtained, they fail to some defects specially the oversmoothing effect, the problem of spectral distortion and the overfitting. In a first part, we proposed taking these issues into account to adapt the learning strategy of the conversion functions. The first main idea is to reduce the number of parameters describing the conversion function. The second idea considers the solutions based on linear transform are unstable face to the lack of training data, hence the recourse to non-linear transform model like RBF. In a second part to learn the conversion function, we need to align data from the source and target speakers, however in most cases these data are not parallel. We propose in this context to map the source and target data using a recursive representation of binary tree, whose depth depends on the learning data size. In the last part, to get a high voice quality, we have proposed a model of parameters issued from the PCA projection on the true envelope. We have conclude that this model is more efficient when we apply the transformation functions on different phonetic classes.

Keywords : Voice conversion, Learning, Alignment, Classification, segmental, GMM, RBF, Vector quantization, True envelope, Phonetic classes

Oui, je veux morebooks!

i want morebooks!

Buy your books fast and straightforward online - at one of world's fastest growing online book stores! Environmentally sound due to Print-on-Demand technologies.

Buy your books online at
www.get-morebooks.com

Achetez vos livres en ligne, vite et bien, sur l'une des librairies en ligne les plus performantes au monde!
En protégeant nos ressources et notre environnement grâce à l'impression à la demande.

La librairie en ligne pour acheter plus vite
www.morebooks.fr

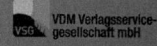 VDM Verlagsservicegesellschaft mbH
Heinrich-Böcking-Str. 6-8   Telefon: +49 681 3720 174   info@vdm-vsg.de
D - 66121 Saarbrücken   Telefax: +49 681 3720 1749   www.vdm-vsg.de

Printed by Books on Demand GmbH, Norderstedt / Germany